フーコーの権力論と自由論

その政治哲学的構成

Foucault, pouvoir et liberté

Essai sur le droit et la politique

関 良徳

keiso shobo

自由の本質について語るより、「闘技（agonism）」――互いに刺激し合うと同時に闘争し合う関係――について語るべきだろう。双方を麻痺させる正面きった対立よりも、永続的な挑発について。

ミシェル・フーコー「主体と権力」

まえがき

ミシェル・フーコー（Michel Foucault, 1926―1984）は、現代の哲学や思想に極めて大きな影響を与えたが、その一方で多くの批判にさらされている。曰く、彼は人権を否定する、法を排除する、全てを権力に還元する、等々。本書はこれらの批判を吟味し、それらが誤解であることを確認し、その誤解を解くことを消極的な目標としている。しかし、それは、彼が人権や法を無批判に受け容れようとする安全無害な哲学者であることを示すものではない。彼は確かにある文脈において法や人権を問題化し、「権力」という視角の重要性を強調する。しかし、本書はそれらを逐一弁護するという役割を放棄している。重要なのは盲目的な弁護ではなく、批判的な再構成である。

本書の積極的な目標は、フーコーが「権力」という視角から提起した法や人権への懐疑を明確化し、それらをあらためて法学領域に導入することで問題提起をおこなうことである。彼が法理論や法概念論の専門家ではなかったとしても、その権力論が法的実践や法的判断形成の場面で極めて有益な示唆を与えるものであることは疑いない。とりわけ、近代から現代へ至る法の変遷と権力との関係性、民主制プロセスにおけるミクロな権力の問題、法的実践に関わる弁護士や判事の倫理的態度など、これまで法哲学や法理論では看過されることの多かったテーマ群がフーコーの権力論を通じて再び議論の俎上にのぼることとなる。

この意味で、本書の試みは法学の未知なる領域への探究である。そして、この未知なる領域を探究するために私たちに求められるのは、理論と実践とをつなぐ想像力と手探りのままに踏み出される最初の第一歩であろう。私は、本書がそうした想像力を喚起し、勇気ある最初の一歩を読者に促すものであることを願う。

フーコーの権力論と自由論
その政治哲学的構成

目次

目次

目　次

目次

凡例

1　引用及び参照文献については、Foucault［1976a］p.119（一一七頁）のように表示した。これは、Foucault, M., *Histoire de la sexualité I : La volonté de savoir*, p.119, 邦訳一一七頁を表している。また、Foucault［1976b］p.88／Foucault［1997］p.14. という表示は、同一の文献について一九七六年に出版された英語版の頁数と一九九七年に出版された仏語版の頁数を表している。詳しくは巻末の文献表を参照されたい。

2　文献からの引用については、邦訳のあるものについてはこれを参考にしたが、適宜訳文を変更している部分もある。

I　ミシェル・フーコーの権力論

第一章　法的権力モデルへの問題提起

M・フーコーが「権力（pouvoir）」についての一連の研究で取り組んだ試みは、法哲学や政治哲学が前提としてきた権力についての伝統的な概念やモデルを単純に否定・排除しようとするものではない。彼の試みは、権力論の出発点を「法的権力モデル」に求めてきたこれまでの無意識を一掃し、再び「権力」を法と政治の舞台で問題化しようとするものである。そこで彼は、権力についての法的モデルを近代社会の地平から捉え直すことによって、このモデルが担った役割と難点とを明らかにする。また他方で、新たな権力の概念を提示することにより、法的モデルでは捉えることのできなかった近代社会の権力メカニズムに新たな視座を提示しようと試みるのである。それゆえ、フーコーの権力論は、権力についての一般理論の構築というよりもむしろ、新しい権力概念を用いてなされる近代社会への分析学の試み[1]として位置付けられよう。

1　「法的権力モデル」とは何か

私が問題として提起する「法的権力モデル」とは、法や主権を中心とする法概念上の基本的な構成要素によって特徴付けられる権力形態についての理論であり、国家権力を始めとする権力一般についての古典的なモデルである。フーコーは、「権力」という言葉の日常的な意味や社会理論における用法の多くがこのような法的形態としての権力を表象していると考える。また、厳密な法概念を伴わないとされる社会学的な権力分析の手法においても、法的権力モデルは「権力」という概念を構成するためのモティーフとして重要な役割を果たしている。ここでは、彼の議論に依拠しながら法的権力モデルの諸性質とその位置付けについて論ずる。

フーコーによれば、権力に対する法的側面からの表象には「否定的な関係」「規律の決定機関」「禁忌のサイクル」「検閲の論理」「装置の統一性」という五つの主要な特徴が見られるという(2)。それらを概説すれば以下の通りである。

まず第一に、権力が個人や集団との間に取り結ぶ関係は、拒絶・排除・拒否・妨害・隠蔽といった否定的・抑圧的な言説（ディスコース）によって一般に理解されている。つまり、権力はその前提として、行使する側と行使される側との間に肯定的な関係あるいは産出的な関係を築かないと考えられているのである。したがって、法的に構成された権力の観念は社会の様々な要素を排除・隠蔽するのみであって、「権力が何かを産み出すとしたら、それは不在と欠如だけである(3)」と言われることになる。第二に、権力は合法／非合法あるいは正／不正という二項対立によって表象される法的関係図式の中にその対象を位置付けることで秩序を形成している。つまり、権力は自ら規律を宣言し、「一つの法律状態をつくりだすような言説行為を通じて(4)」人々に作用するのである。それゆえ、対象である諸個人は、権力によって課された秩序と規律との関係において自らを理解することになる。第三に、権力はその対象に対して禁止を基礎とする法を準備し、自己の欲望を放棄させることを主たる機能とする。そして、そこでは罰を道具とする脅迫が常に実行されている。その脅迫とは自らの内なる悪を消去するか、それとも汝自身が消去されるのを甘受するか、というものである。第四に、法の要求する禁止は非存在・非出現・沈黙の命令という三つの形態を取って現れる。つまり、許されていない事柄についてはその存在や出現さえ否定され、同時に、それについて語ることも禁じられるのである。最後に、権力は通常一つの塊として上から下へ、君主から臣下へ行使されるものとして捉えられている。こうした見方は、政治哲学から行動科学に至るほとんどの領域に見られる定式であり、極めて常識的かつ一般的なものであるといえよう。国家から家族にまで至る権力についての多種多様な分析は、規模を異にするだけで、同様の構造を内在させている。すなわち、国王に対する臣下、主人に対する奴隷、親に対する子供、教師に対する生徒などの図式は「立法する権力が一方にあり、他方には服従する主体がある(5)」という対立図式に依拠しているのである。

　このような法的権力モデルの特徴付けについては法学者からの批判が提起されている。批判的法学研究（Critical Legal Studies）の領域で活躍するA・ハントとG・ウィッカムは次のように指摘する。すなわち、フーコーがモデルとして提示する法的権力図式は絶対君主の時代に見られた前近代的な権力の構図であり、人々を一方的に支配したかつての権力形式が近代以降の一般的な権力モデルとして受け容れられているとは考えられない。[6] ハントらによる批判の論拠は、J・オースティンが提示した法主権者命令説に対するH・L・A・ハートの批判、[7] さらには権力分立制や近代民主主義の確立などによってもたらされた権力抑制論・権力コントロール機能などにおかれている。[8] つまり、フーコーの指摘する通り、権力が法的な視角からのみ捉えられているとしても、そのモデルとなる法の形態は中世以来の君主制に基づいた一元的な支配を可能とするものではなく、権力を制限するために設けられた諸機構や人々の了解を基礎とする諸ルールから構成されていると考えられるのである。近代以降の法体制を君主制システムの言葉によって簡単に置き換えることは不可能であり、法や権利の意味・内容も市民革命の前後で変化しているとするハントらの近代法擁護の姿勢は十分に理解できるものといえるだろう。

　これに対し、フーコーは、権力や支配の概念あるいはそれらを表象する言葉について、近代市民革命の前後で根本的な変化・断絶が生じたとは考えられないと主張する。つまり、主権や合法性、権利といった法的言説は、君主権力の正当化に利用されたものであると同時に、王政を批判し近代人権思想を推し進めた人々にとっても自らを正当化する思考の枠組みであった。このような法的言説は、今日でも社会契約論や自然法論などを源泉とする法哲学上の様々な議論で中心的な役割を果たしている。それゆえ、近代社会において政体の変更や改善、法概念の精緻化が急激な進化を遂げた一方で、人々に合法／非合法の二者択一を迫り、禁止と刑罰を通じて秩序を確立する権力、あるいは一方から他方に向けて何者かが行使するという権力についての古典的な捉え方には基本的に変化が見られなかったのである。

フーコーの指摘は、これまでの近代的権力についての一般的な理解の図式を適切に言い当てているといってよいだろう。ハントらが批判の論拠とする近代法の概念や法制度も、彼が述べた通り、こうした法的権力モデルを認識の拠点として、法思想家や革命期の市民たちの間で生み出されたものであることは間違いない。したがって、フーコーが提示した法的権力モデルは、君主制下の権力モデルをそのまま表象しているというよりもむしろ近代の権力論に残存している君主制の諸傾向をモデルとして析出していると考えた方が適切である。ここで定式化された権力モデルは、今日の民主主義社会に生きる私たちでさえ振り払うことのできない権力についての一般化されたイメージを表象しているのである。

2　なぜ「法的権力モデル」は存続したのか

このような法的権力モデルが権力理論として存続し、受容されてきたのはなぜだろうか。近代以降、権力を行使する機関が多様なかたちを取って現れ、複雑な装置として機能しているにもかかわらず、権力の概念については古典時代からの延長が安易に受け容れられてきたという事実は極めて興味深い問題である。

これについて、フーコーは二つの理由を挙げている。第一は、権力と自由という哲学上の概念の問題に帰着する。法的権力モデルでは、権力は自由に対して画された限界に過ぎず、禁止を中心とする法をその存在理由としていた。それゆえ、自由のある部分は常に権力が手つかずのままに残しておかなければならない領域と考えられており、自由と権力の併存を不可能とする前提が存在していたのである。換言すれば、確約された自由の領域を侵犯しないということが権力の受け容れられる条件であったともいえるだろう。「権力からの自由」（いわゆる消極的自由）が自由の本質として捉えられてきたのもこのためである。しかし、このモデルは、自由への禁止や抑圧を主たる機能としない行政権力その他による活動を非権力的なものとして捉えることを許す結果となる。近代以降に展開された権力の精密なメカニズムが、福祉・医療・教育などを通じて人々の日常的な自由の領域に積極的に関わり、この領域での決定に大きく関与するものであったとしても、このモデルの下ではそれを「権力」という言葉で表すことは不可能であり、また誰もそれを望まなかったのである。したがって、法的権力モデルに基づく従来の理論への重ね合わせによって実質的な支配の仕組みを隠蔽すると同時に、近代的な非抑圧的権力形態を人々に容易に受け容れさせることが可能となったと考えられる。(9)

第二の理由は、中世の権力制度に由来する歴史的理由であり、第一の理由に対する補足として提示される。王政あるいは国家という権力制度は、土地への間接的・直接的支配などと結び付いた権力であったが、それは全て前提となる諸権力間の調整や調停、境界設定のための機関として受容されたものであった。[10] つまり、封建領主や私人の間の戦いの禁止を意味する「平和」及び、紛争の私的解決の禁止としての「正義」をその機能としていたのである。[11] このような法律的・司法的機構としての権力という認識は、中世につくられた公法理論やローマ法からつくり直された公法理論の全てによって承認されたものである。それゆえ、中世以来、西洋世界においては法的表象の下に権力の言説化がなされてきたのである。このことは、絶対王政を批判する際に私たちがその君主を非法的な言説（任意性・濫用・気紛れ・好意・特権など）の下に論ずるという伝統的な手法からも明らかであろう。法的権力モデルは「権力が自らを提示するコード」[12] として存続したのである。

このような権力認識に対して疑問が提起されなかったわけではない。マルクス主義の思想家たちは、この問題について重要だが不十分な批判をおこなったということができるだろう。つまり、彼らは、現実の権力が法的権力のモデルを逸脱して、一般的な法という外見の下に階級的支配や抑圧、不正を覆い隠しているということを示したのである。この分析と認識は極めて重要であるが、しかしその実践において彼らは権力を法的権力モデルに基づいて行使するという矛盾に陥っている。プロレタリアートによる政治権力の奪取を最終的な目標として掲げるマルクス主義法学はそうした欠陥を露呈しているといえよう。それゆえ、彼らの興味の中心は、「階級」とは何か、それはどこに存在するのか、いかなる「階級」が権力を握っているのか、といった問いに集約されてしまう結果となり、権力の在り方そのものを問題化することなく、従来の法的権力モデルが示す対立図式を階級間の対立にそのまま適用することとなったのである[13]。

これまでの議論からもわかるように、法哲学あるいは政治哲学上の「権力」という概念は、近代市民革命以後、法制度の変遷や法概念の精緻化、マルクス主義による階級論的問題構成を経ながらも、本質的には君主制の時代に概念化された法的権力という表象形態を維持し続けてきたのである。さらに付言すれば、今日の私たちでさえ「法的権力モデル」をその原型において受容しているということができるであろう。

3　「法的権力モデル」に対する問題提起

法や政治に関する理論の領域では、これまで概説してきた法的権力モデルという視座から権力の問題を理解することが自明の真理として通用してきた。これに対し、フーコーは、そうした定式の裏面に据えられた現実の権力現象を捉えようとしている点でL・アルチュセールら同時代のマルクス主義者から影響を受けていたことは間違いないだろう[14]。しかし、マルクス主義者が権力の問題を階級構造や社会的矛盾として再発見しながら、それを再度これまでの法的権力モデルの中で解決・解放しようとしたのに対し、フーコーは、従来の権力概念そのものを問題化しようと試みる。その意味で、両者の間には大きな隔絶があるといえよう。ここでは近代以降の権力の在り方に焦点を合わせ、法的権力モデルの有する諸特徴が現実の権力との間にいかなる関係性を有するのか、そのモデルが近代以降の権力現象を十分に映し出しているのか否かといった問題を検討する。

まず第一に、国家権力を始めとする様々な形態の権力が、その対象との間に拒絶や排除といった否定的・抑圧的関係のみをつくりだしているという法的権力モデルの前提に目を向けることができる。君主制の時代において、主権者たる君主はその法的権利に基づいて臣民を抑圧し排除する権力を有していた。つまり、権力は暴力と類比される否定的な概念として認識されてきたのである。これと同様に、近代以降の権力もまた市民社会から分離した国家とその諸機構によって担われるものと考えられた。つまり、権力の主たる機能は個々人の自由を抑圧するというネガティヴな作用であり、権力をめぐる言説は常に市民の自由や権利を侵害する権力の抑圧的傾向性を問題として摘抉し、その危険性を告発するものであった。しかし、こうした権力についての認識は、少なくとも近代以降の国家あるいは社会の構成において、警察権力の基本部分や裁判所の司法権、行政権の法執行に関する権力作用の一部を包摂するにとどまり、それ以外の多様な権力現象（国家権力に限られない）を十分に説明し得るものではない。例えば、二〇世紀初頭に成立した社会権は資本主義下の社会・経済的状況が法理論に及ぼした作用として一般に理解されてきたが、その論拠や合理性がいかにして生み出されたのかという系譜についての問題は、これまでの法的権力モデルの中にその答えを見つけ出すことが難しいように思われる。諸個人の生活や団体の自治に対する国家の積極的・協力的介入の諸傾向、すなわち権力による個人の幸福や自由の実現がこうした法的権力モデルの対立図式から突如として現れたと考えることも難しいだろう。そこには権力についての遙かに複雑で積極的な側面が見え隠れしているように思われる。したがって、近代社会においては、法や主権という従来の視角から権力が排除や抑圧を専らとする支配権を及ぼしていたわけではないということがわかる。私たちは、権力の否定的な部分のみを映し出す理論から離れて、ここに示された権力の積極的側面とその複雑な技術構造を明らかにするための権力概念を構築せねばならないのである。

第二に、法的権力モデルが有する二項対立、すなわち合法／非合法という対立図式が問題として提起される。これまでの権力概念によれば、法と権力とは常に一体のものとして理解されてきた。主権者は自らの権利を法によって明確化し、法は主権者の権利や権力を基礎付けるものと解されてきたのである。このような枠組みは「主権」概念とともに社会契約論を通じて近代以降の政治・社会認識としても継承された。つまり、立法権力による一元的な法制定とその執行を通して明らかにされる正／不正の判断という構図は、近代民主主義の中に存する法的権力モデルの特徴として提示され得るものである。こうした法についての認識は、今日でも法の執行や裁判の過程に当然適合するものであるように思われる。しかしその一方で、例えば、近代刑法の特色である責任能力（心神喪失や心神耗弱）の判定において採用される精神鑑定は、こうした法的権力モデルの提示する「法」の図式に必ずしも合致するものではない。なぜなら、人が自らの行動を制御し得る状態にあったか否かという責任能力の判定は、裁判官が正／不正を判断する際の材料として用いられるが、それは同時に、被告の社会的危険性や治癒の将来的可能性などとも密接に結び付いているからである。[15] つまり、裁判官は、法の条文によって行為の正／不正を一律に判断することはできず、社会の様々な要求や人間諸科学に従わなければならないのである。これと同様に、実際の立法過程や司法過程においては、法典の条文についての社会学的判断や一般条項からの解釈・修正がおこなわれ、和解や損害賠償もその時々の社会的な諸関係によって決定される。このような判断の根拠となっているのは、正／不正を一刀両断に裁く立法者の法よりもむしろ、社会の「ノルム（norme）」[16]として機能するタイプの法である。すなわち、諸個人の生活全般にわたる行為や行動について社会が一定の標準としてのノルムを形成し、そのノルムからの逸脱度が、医師の鑑定として犯罪者の責任や処遇を決定したり、法の文言に違反したか否かを実質的に決定し、判決に重大な影響を及ぼすのである。ここでは、正／不正という二項対立によって示される明確な基準ではなく、諸個人の間で形成される社会的ノルムを基軸とする乖離と集中の度合によって法的判断がなされるのである。

もちろん、法的モデルが近代社会の秩序形成において全く機能していないと考えることはできない。毎年多くの犯罪者が、この正／不正の判断によって、有罪・無罪の判決を下されていることも事実である。しかし他方で、新たな法制定（社会保障に関わる法律など）は統計学を利用した社会標準の算出とおおいに関係しており、行政府による規制も社会標準と法との中間的形態として機能していることはわが国においても明らかであろう。こうした事実は、行政権の拡大・多様化（行政国家現象）として法学・政治学的観点から説明されることが多いが、法的権力モデルの図式には容易に収まり得ない現象である。権力を「規律の決定機関」とする見方は君主のような立法の中心を想定しているが、実際には様々な社会現象に対する知識や政治的駆引き、調整機能、偶然の出来事などがネットワークを形成することで、規律や規範の在り方が決定されていると考えるべきであろう。その意味で、私たちは、正／不正を一元的に決定する立法主体としての「権力」という捉え方そのものを問題化する必要に迫られているといえるのである。

最後に、権力の目的が、私たち個人に対して禁止を強制し、欲望を放棄させるところにあるとする考え方が問題とされる。このような権力についての認識は最初の問題提起と重複するものであるが、ここでの問題は、権力がその手段として刑罰を駆使するという点にある。フーコーは『監獄の誕生』[17]において、一八世紀から一九世紀にかけてのフランスにおける刑罰制度の変容を歴史的に描いたが、そこには権力の在り方に関わる重要な変化が存在していた。すなわち、一八世紀には当然視されていた残虐な処刑の儀式が一九世紀に至ってほとんど見られなくなったのである。そして、これにかわって登場したのが、規律と監視によって編成された近代的監獄制度であった。しかし、この変更には制度や建築物の外見的な変化以上に重要な変化、すなわち権力の在り方そのものについての変化が表現されているとフーコーは考えている。

法的権力モデルの下で行使される刑罰とは「普遍的な刑罰体系を法典化し、その法に基づいて特定の犯罪行為には常に特定の刑罰を科そうとする」[18]ものであった。これに対し、近代以降の主たる刑罰形態は普遍的な刑罰体系としての刑法に則して形式的な処罰を一律におこなうものではなく、犯罪者個人の性向・行動・習性・性別などを勘案して具体的な刑罰を施そうとするものである。こうした動きは刑罰についての応報理論から矯正や予防理論への一連の流れとして理解することも可能であるが、それと同時に、近代社会における権力形態の変容を表象しているとも考えられる。つまり、法的権力モデルが前提としてきた刑罰の威嚇効果や応報目的の下に一回限りの（しかし極めて残虐な）罰を科するのではなく、長期にわたる監視と矯正を通じておこなわれる犯罪者の統制や教育が刑罰の機能となったのである。こうした事実から、禁止のみを目的とする古典的な法的言説の裏面で権力の形態が個々人の管理・統制へと移行しつつあることが理解されよう。

このような法的権力モデルに対する問題提起や近代社会の諸特徴からもわかるように、近代以降の権力形態は国家権力など大文字の権力形式から連想される対立的構図では説明され得ないものである。しかし他方で、前述した三つの問題提起は近代社会における権力分析に重要な示唆を与える。すなわち、近代の権力形式は、君主と臣下の関係とは対照的に、これまで権力の対象とされてきた諸個人との間に極めて密接な下からの関係を築いているということである。言い換えれば、権力は諸個人（あるいはその生活）に深くコミットし、彼らの生き方に大きな作用を及ぼすと同時に、家族や会社、学校などの小集団を基礎とする人間関係のネットワークと密接に結び付いている。こうした分析は、王政制度によって描き出された権力についての過度に単純化されたイメージ、すなわち特定の個人が禁止と抑圧を武器に権力を振るうという古典的イメージからの脱却と権力についての新たな概念の必要性とを喚起しているのである。

4　権力モデルの転換
——契約から戦争へ

ここまで論じられてきた法的権力モデルは、一八世紀の哲学者たちによって展開された古典的法理論を下地とするものである。この理論によれば、「権力は権利と捉えられ、人々はそれを商品のように所有することができる。したがって、その一部ないしは全部を法的行為や譲渡・契約を通じて生ずるような権利設定行為により移転したり、譲渡したりすることができるのである[19]」。つまり、彼らが権力という言葉で表現しているのは、全ての個人が有する具体的な力であり、この力としての権利を譲渡することによって、主権や政治権力が確立されると考えられたのである。

フーコーは、このような議論から、社会契約説の理論的基礎に権力と富（商品）とのアナロジーが存在すると指摘する。すなわち、自然状態における諸個人が自らの自然権を主権者に譲渡するのと引き換えに、主権者は社会の秩序維持を実現するという契約は、市場における商品交換のプロセスに類似した「権力の契約モデル」として理解されるのである。この「契約モデル」は、君主制以後の近代社会において法的権力モデルを存続させるための重要な鍵となる。なぜなら、社会契約説は、人々の意志が契約への自発的合意を通じて主権者や政府に反映されていると想定することで、権力を中央に集中させることを正当化すると同時に、立法権や刑罰権の政治権力への統括を可能にするからである。この意味で、社会契約説は近代市民革命以後の権力論に古典的な君主権力のイメージを注ぎ込んだのである。これに対し、フーコーは政治権力の起源を構成する契約モデル及びその基礎に存する権力観についての二つの批判を試みている。

彼の批判は、まず第一に、権力を所有や譲渡の対象である「事物」との類似で捉えようとする従来の静的な権力認識に向けられている。M・ウェーバーを始めとする多くの社会学者は権力を分析の対象や道具として用いるためにその定式化を試みているが、彼らは権力の行使そのものを捉えることなく、行使の結果から権力の存在を推定するという概念的構成に終始してしまっている。こうした定式化は権力の行使を事物としての権力に還元することで従来の権力観を補強するものといえよう。これに対し、フーコーは権力をその行使において捉えるべきであると考える。[20]つまり、権力がどこに存在するのか、誰の手に移転したのかを問うのではなく、いかにして行使されるのか、いかなるメカニズムに従うのかといった問いを立てるのである。

第二の批判は、契約モデルを基礎とする法的主権理論に向けられたものである。ここでいう法的主権理論とは、自然権や原初的権力（pouvoirs primitifs）を有する「自由で平等な主体」として諸個人を契約モデルの下に設定することで国家（主権）の観念的な起源を説明したり、法を権力の根源的現れとする考え方である。[21]こうした所説が歴史的事実に反するものであることはいうまでもないが、それ以上に、この主権理論はいくつかの重要な問題を看過している。例えば、この理論では権力の主体が前提とされているために、その主体がいかにして生み出されたのかという問いには触れられない。また、主権者による権力の表明という形を取って現れる法やその源泉となる個人の意志が、いかなる技術や戦略と結び付いて形成され、機能しているのかという点も分析の対象とはされないだろう。この理論では、国家権力や国家主権の正当性が問題とされる一方で、私たちの日常と関わる社会領域はその反映や延長としてしか理解されていないのである。

法的権力モデルや政治権力についての契約モデルは、権力を現実の行使の場面から遊離させ、それを観念のレベルに引き上げることで権力を認識可能なものとしている。フーコーは、こうした議論を権力についての「法的―哲学的ディスコース（discours juridico-philosophique）」として位置付ける。これに対し、彼は前述のような難点を回避するために、別のタイプのディスコースによって権力の問題に取り組もうと試みる。この地点で、フーコーは権力論の転換を企てるのである。権力を観念的な存在としてではなく、その行使の場面において捉え、それと同時に、主権や法という中心に集約されることのない多様な関係として認識するには、いかなる視点から権力論の再構成をおこなうべきであろうか。この問いに対して、フーコーは日常の生活を含む広範な領域を戦略的ゲームの場として捉え、人々が織り成す行為の全体を権力の関係として捉えるというパースペクティヴを準備する。彼はこれを「歴史的―政治的ディスコース（discours historico-politique）」として法的―哲学的ディスコースに対置させると同時に、政治権力の構成については「契約モデル」に対する「戦争モデル」[22]の可能性を探究することで、これまでの権力論を克服しようと考えている。歴史的―政治的ディスコースとは「戦争をあらゆる権力制度の永続的な基礎とする」[23]ものであり、一七世紀イギリスの政治闘争の時期に現れたとされる。こうした主張を展開した論者として彼が列挙するのはイギリスの法学者S・E・クックやピューリタン革命期の水平派指導者J・リルバーン、フランスの思想家H・ブーランヴィリエらである。[24] フーコーは彼らの思索から着想を得て、国家の成立や権力の分析に「戦争（guerre）」という概念を導入する。

多くの歴史記述や神話が述べる通り、国家や政治権力の成立と戦争とは不可分の関係にあり、人々の合意を基礎につくられた国家は皆無に等しい。つまり、国家の起源は支配か服従のいずれかに限定されるのであり、法もまたそうした戦いの中から生まれたのである。こうした野蛮な戦争史を今日の社会理論にモデルとしてそのまま適用することは不可能であるが、それでもなお、戦争の遠い記憶は権力の在り方と契約モデルの抱える難点について極めて重要な示唆を与えるであろう。フーコーは戦争モデルによる分析の重要なポイントを二つ挙げている。彼が最初に指摘するのは、「この（歴史的―政治的）ディスコースで話す主体は、法学者や哲学者の地位、すなわち普遍的主体という地位を占めることができない[25]」という点である。戦争モデルにおいて人は戦争の内側にあり、戦闘を続けるいずれかの側に立たねばならない。つまり、常に敵と対峙して勝利のために闘うのである。このモデルで主張される権利は征服や支配といった個々の出来事と結び付いた具体的な権利（侵略権や永続的支配権）であり、また、その人々が語る真理は普遍的なものではなく勝利を得るための戦略的真理である。したがって、ここでは哲学者や法学者が夢想する普遍的な真理や権利を前提に議論をすることはできず、常に自らを闘争の渦中におかなければならない。逆説的だが、自らの言説を普遍化しようとする人々の意志もまたこうした個別的闘争と深く結び付いていると言うことができるだろう。しかし、フーコーは戦争を私たちの生活の基礎に据えたり、エゴイズムの蔓延を鼓舞しようと企てているわけではない。ここで重要なのは、権力が具体的な相手との間で現実に行使されるものであることを認識すると同時に、自らの位置を第三者から当事者へと移行させることである。近代以降に生起した様々な闘争は、政治権力の中心である為政者への抵抗権行使としてのみおこなわれたものではなく、私たちが普遍的であると信じている日常的な振る舞いの規則全体へと向けられたものであった。すなわち、女性に対する男性の、労働者に対する資本家の、発展途上国に対する先進国の、自然に対する人間の振る舞い全てが闘争の標的とされたのである。戦争モデルはこうした闘争を契約によって形成された調和への破壊行為としてではなく、現実的かつ内在的な権力関係として理解することを可能にするのである。

フーコーが指摘する第二のポイントは、歴史と法の始点に一連の野蛮な事実や偶然の出来事を措定し、これらがもつれ合う場においてのみ「合理性（rationalité）」が姿を現すと考える点にある。ここでいう合理性とは変わることのない根本的な理性への適合性という伝統的な意味のものではなく、計略や戦略についての合理性である。つまり、敵をいかに攻撃し自らを防御するか、いかにして侵略を正当化するか、被支配者をいかに上手く統治するかといった具体的な戦略上の合理性の誕生である。しかし、この戦略的合理性は敵との関係においてのみ形成されるものであるから、その内容は極めて移ろい易く不確実であり、高度化や普遍化に対しては非常に脆いものである。

他方、自然状態モデルから社会契約を導き出すT・ホッブスの理論は、戦争モデルを利用するものでありながら、フーコーの考えるディスコースとは正反対の帰結をもたらす。ホッブスの自然状態モデルは「万人の万人に対する闘争」と呼ばれるものであるが、これはいうまでもなく現実の歴史的戦争ではない。それは「各々が各人に対して示す危険性を見積もり、相手の闘う意志を推し量り、自らの負うリスクを算定する表象のゲーム」(26)であり、主権は戦争回避のための計算によって設定されるのである。つまり、侵略や支配による主権設定という現実の歴史とは裏腹に、ホッブスのモデルは実際の対戦相手を想定しない架空のモデルから合理的な選択としての社会契約を生み出す。この選択は戦略的合理性の様相を見せているが、実際には、戦争が万人にとって不可能であることを明証することによって普遍的な合理性を予定調和的に形成するためのものである。これに対し、フーコーが提示する戦略的合理性は、現実の戦争や闘争から生まれる知識であって、常に相手への攻撃＝批判と相手からの攻撃＝批判を想定する実践的合理性として考えられている。この地点において彼の権力論はホッブスを離れ、さらにアクチュアルな分析の視角を提示するのである。

＊

法的権力モデルへの批判を端緒に、フーコーは、法理論が依拠する契約モデルの難点を指摘し、権力の戦争モデルを掲げることによって、新たな権力論への移行を見せる。ここでは、法的権力モデルの批判から戦争モデルによる新たな権力論の提起までを論じたが、これは彼の権力論への導入部分を構成するものであった。次章では、フーコーが展開した「権力」概念と近代社会を射程とする権力分析について検討を加えたい。

第二章　フーコーの権力概念

権力に対するフーコーの認識や態度が時代とともに変化していることはよく知られている。特に、権力の問題を論じ始めた一九七五年の『監獄の誕生』と彼の死の直前（一九八四年）におこなわれた対談「自由の実践としての自己への配慮の倫理学[1]」との間には、権力の論じ方に大きな違いを見ることができる。その変化を端的に指摘すれば、一九七〇年代の著述が権力の問題を「支配（domination）」という観点から多く論じていたのに対し、一九八〇年代のものでは「自由（liberté）」という視角に重点がおかれるようになったということができよう[2]。この重点の移動は、権力論から倫理学へという彼の研究テーマの移行と深く結び付くものである。しかし、倫理学へ移行した後も権力という視点からの分析に依拠している点に変化は見られない。むしろ、倫理学時代の分析は、一九七〇年代に権力と不可分のものとして論じられた「抵抗（résistance）」などの概念をさらに精緻化する試みであったと位置付けることも可能であろう。したがって、ここでは二つの時代の権力概念を相互に関係付けて論じることで「権力関係（relations de pouvoir）」と「支配」についての絡み合った糸を解きほぐしたいと思う。

1　権力についての新しい概念

法的権力モデルに対する徹底した批判の後、フーコーは自らの権力概念についての詳細な説明を試みる。それは法や国家主権などの概念を前提としない権力論であり、その意味で極めて独創的なものといえよう。彼は以下の五つの点から権力を特徴付けている[3]。

第一に、権力は誰かが掌握し得るような事物ではなく、人々の間の関係として生起するとフーコーは考える。つまり、家庭、学校、職場など私たちが日常の生活を営む場において、権力は個々人の間で行使されるのである。彼はこの日常的な実践をゲームとして捉え、絶えざる闘争や衝突、逆転を権力の性質として提起している。彼がこの権力形態を法的モデルにおける「権力」と区別して「権力関係」と呼ぶのは、その「関係」としての性質を強調するためである。第二に、権力は禁止や拒絶を内容とする上部構造のようなものではなく、経済のプロセスや知識に対しても内在的な関係を保っている。このことは第一の特徴から導かれる帰結であり、また法的権力モデルの特徴であった一方向的権力作用を否定するものである。つまり、権力は君主から臣民へと下達されるような単なる禁止や抑圧の命令ではなく、相互に作用を及ぼし合うポジティヴな関係として理解されるのである。そこから、第三に、権力関係は社会の基盤を構成するものとなり、上から下へと浸透する法的権力の一般的図式は棄却される。権力は、むしろ下から生み出されるものと考えられるようになるのである。その一方で、国家や法といった概念は、こうした権力関係の形成後にその帰結として表出するものに過ぎないと理解される。言い換えれば、権力関係とは「その全般的構図ないし制度的結晶が、国家の機関、法の明文化、社会的支配権において実体化されるような戦略」[4]として機能するのである。第四に、権力は所持され得るような事物ではないという第一の特徴に関連して、権力を全て統括する司令部のようなものは存在しないといわれる。しかしながら、この権力関係は全く無目的に作用し合うということはなく、権力の場において人々の意図・戦略を反映し、一定の合理性（戦略的合理性）を保持している。つまり「個々のローカルな局面において、各人は自分のやっていることを承知しているが、全体の『戦略』を意図した『主体』を特定することはできない」[5]という状態にある。最後に、権力は常に抵抗とともに在ると考えられる。これまでの法的権力モデルに従えば、君主から臣民へと作用する権力に対し、抵抗は常にそれとは別の論理に基づいて、権力から逃れるための実践として提起されるものであった。しかし、ここまで概観してきた権力の諸特徴からもわかる通り「関係」としての権力は常にその対=敵としての反作用を前提としている。したがって、抵抗は権力関係を構成するもう一方の極として権力関係に内在し、権力と同じ言葉で語られるのである。

このような権力についての説明は、ホッブスの自然状態論やN・マキャベリの権力論、さらには国際関係理論におけるリアリズム論など(6)を想起させるだろう。これらは全体を統括する主権者や法秩序の不在を根拠として、力の関係（闘争や戦争）が世界を支配するという思想に裏打ちされた認識の方法である。それゆえ、構成員間の権力関係を分析の根拠としている点で、フーコーの考えと類似した特徴を持つものであるといえよう。しかし、ホッブスの自然状態論が世界を自己保存的な個人から成るアナーキーな状態と設定するのに対し、フーコーは、第四の特徴で述べているように、現実的な権力関係における合理的な戦略的関係を念頭においている。それゆえ、そこにアナーキーな状態が存在するとは考えず、それを根拠に統一的権力の必要性や必然性を主張することもない(7)。また、リアリズム論が国家間関係のメカニズムを超越的視点から俯瞰しようとするのに対し、フーコーの権力概念は内在的な位置からのアプローチを試みたものである。つまり、彼の権力論では、客観的な観察よりも当事者としての自覚の方が重視されるのである。さらに、マキャベリとの比較でいえば、フーコーは君主をゲーム内の特権的な行為者として措定しないという意味で、法的権力モデルへの依存を回避するという手法をさらに一歩進めている(8)。

以上のような諸特徴から、権力は「関係」として存在し、個々人の間で繰り広げられる戦略的ゲームの総体として理解される。しかも、それは私たちの日常に内在しており、全体を統括する中心を持たない。したがって、権力関係は常に抵抗の可能性を孕みつつおこなわれる私たちの行為実践そのものであるといえよう。それゆえ、私たちは社会的存在として生きる限り、この権力関係から解放されることは永遠にあり得ない。さらに付言すれば、権力関係は本質的に抑圧的なものではなく、私たち自身や私たちの日常を形成する場でもあるから、そこから逃れなければならないと考える理由もないのである。(9)

2 権力・支配・自由

フーコーが提示した権力関係という概念は、私たちにとって馴染み深い「自由」や「支配」といった概念といかなる関係にあるのだろうか。この問いに向けて準備されるここでの探究は、一九七〇年代に彼が展開した権力論と一九八〇年代の権力をめぐる彼の議論とを結び付ける補助線の存在を確定する作業である。

1 権力関係・支配・透明なコミュニケーション

フーコーは「権力関係」と「支配」という言葉を厳密に区別して使用している。(10)彼の説明によれば、権力関係とは個々人の間の日常的な実践の総体であり、闘争や衝突といった性質によって特徴付けられるものであった。それゆえ、権力関係にある人々は常に抵抗や批判の可能性を有することが前提とされているため、原理的に一定の自由を有することが条件とされている。その一方で、彼は抵抗の可能性が全く失われている状態を「支配」という言葉で表現している。支配状態においては、人々の間に主人と奴隷の関係に象徴されるような完全な服従関係が成立していると考えられる。これは、権力関係が非対称的な関係へと変化し、固着化した状態と言い換えることもできよう。このような状態は、個人が自己の実践や判断を放棄している状態、あるいは放棄せざるを得ない状態を意味している。これに対し、権力関係にある個人は自ら思考し、行為することが可能な状態にある。したがって、権力関係は諸個人の間の自由な振る舞いによって構成されていると同時に、互いが互いを規定し、規制し合うという戦略的な相互関係の集合として認識されるのである。

ここまでの議論を整理すれば、私たちの日常的用法としての「権力」はフーコーの意味での「支配」に相当する。これに対し、彼が「権力関係」として意図しているのは、「誰かが誰かの行為をコントロールしようとしており、逆に、その人が自らの行為をコントロールされるのを拒んだりあるいは他の人をコントロールしようとしたり(11)」といった自由な人々の間の戦略的ゲームとして理解される状態である。こうした関係は「そこから解放されなければならないような、それ自体で悪であるようなもの(12)」ではなく、むしろフーコーにとっては、個々人の自由が実践されている好ましい状況とさえ理解されている。

これに対し、個々人の間の権力関係を一切捨象して論じられるのが「透明なコミュニケーション(communication transparente)(13)」と呼ばれる状態である。これは、闘争や抵抗、批判をさえ伴うことのない理想状況であり、多くの法学者や哲学者が夢想してきた強制なき空間であるといえるだろう。しかし、フーコーはこの透明なコミュニケーションという状態を非現実的なユートピアだと考える。なぜなら、全ての人間が伝統的な意味での自由と平等を過不足無く享受し得るような状態を実現するには、各人が他者との関係においていかなる軋轢も引き起こしてはならないからである。このためには、少なくとも社会道徳については全員の合意が無理なく得られなければならないだろう。しかし、現実には多様な価値観や信条を有する人々の間で自発的合意に到達するのは困難であり、常に闘争や抵抗が付きまとうことになる。それゆえ、透明なコミュニケーションは不可能なユートピアとしての位置しか賦与されないのである。他方で、フーコーは、権力関係の膠着状態を意味する支配状態は「解放（libération）」が求められるべき状況であると考える[14]。しかし、ここで重要なのは、この支配からの解放が透明なコミュニケーションというユートピアを導くものでもなければ、個々人の間に幸福な調和的関係を約するものでもないということである。支配からの解放は新たな権力関係への導入過程であって、失われた抵抗の可能性を復活させることでしかあり得ないのである。

これらの議論を私なりに図式化すれば、日常的な実践としての「権力関係」を軸の中央として、その両極端に「透明なコミュニケーション」のユートピアと「支配状態」とを布置することができるだろう。前者の状態に近づけば近づくほど、コミュニケーションの透明度が増して他者との軋轢が消滅し、同時に、個人に対する外部からの拘束や強制が失われ、抵抗の必要性も減少する。他方、後者の状態に接近すれば接近するほど、外部からの拘束や強制が増大すると同時に、人々の抵抗の可能性が失われる。しかし、このような図式化はフーコーの政治哲学に対する貢献を「透明なコミユニケーション」と「支配状態」との間に「権力関係」という中間段階を導入したことに限定するものではない。それ以上に、彼によってもたらされた貢献は、この権力関係から支配状態へと傾くメカニズムの分析と透明なコミュニケーションという幻想が果たした役割の解明に求められるべきである。(15)

2　権力関係と「自由」の概念

権力関係、透明なコミュニケーション、支配という三つの状態についての説明から、フーコーにおける自由の概念が次第に明らかとなる。(16) 自由という概念に付された伝統的な意味は、抑圧、支配、搾取、強制などの不在という消極的な言葉で表現される。この意味での自由は権力関係を一切排除した透明なコミュニケーションの状態において実現される無風状態にたとえられよう。これに対し、フーコーは「対抗する諸力との関係（権力関係）における行動・実践の可能性」として自由を捉える。つまり、権力関係を前提としながら、自由を従来の消極的な概念から切り離し、より積極的な概念として再構成するのである。こうした自由概念の転換は、彼の権力論にとって重要な意味を持つものといえよう。従来の自由論では、諸個人を起源とする意志や欲求を実現させることに重点がおかれていたため、その障害となる存在は自由の制約要因として除去される必要があった。そのため、相異なる意志を有する人々（あるいは、そうした意志を生じさせる異質な経験・価値基盤を有する人々）は互いを排除し支配することで、各々の自由を実現させようとしてきたのである。(17) 言い換えれば「自己実現のための静かな空間」を設定することが自由論の任務であった。その一方で、フーコーの自由論は諸個人の意志や欲求が相互に依存し合っていることを確認している。私たちは他者との接触なしに自らのアイデンティティーを同定し得ないが、それと同様に、他者との関わりや交わりなしに自己の意志や欲求を産み出すこともできない。それゆえ、人々の間の競争や対抗といったダイナミックな関係が自由の実践にとって不可欠の要素となるのである。このような観点から従来の自由観と彼の自由観との相違を際立たせるべく、前者を「静態的自由」、後者を「動態的自由」と呼びたいと思う。(18) 静態的自由は抑圧や強制の不在として示されたが、それは究極的には他者の不在を含意している。他方、動態的自由は支配状態から解放された権力関係を前提とし、他者との間の批判的応答を通じて実現される。それゆえ、フーコーの自由論では、批判や抵抗の可能性の有無が自由と不自由、権力関係と支配状態の分水嶺となるのである。

したがって、フーコーは、支配状態における支配者と被支配者の分析においても、この両者をともに不自由な者として位置付ける。その理由として、彼は、支配される側が完全な従属状態にあって、自ら思考し行動することが出来なくなっている一方で、支配する側も自らの動態的自由を実現するために不可欠な「対抗する諸力」を欠いているという点を挙げる。つまり、支配状態において、支配者側は他者＝敵との戦略的関係から解放されている反面、他者＝敵との相互的関係を失っているために自己の行動や思索についての十分な吟味を怠り、自己に対して無批判とならざるを得ないのである。それゆえ、暴君や専制君主がそうであったように、支配者は自己に固執し、自己の奴隷と化することになる。[19] つまり、権力関係が失われた状態においては、支配者と被支配者はともに他者との関係における思考と行為の可能性を失っており、批判と抵抗とが不可能な状態にあると言えよう。この意味で、動態的自由の実現は権力関係の維持・存続に依存しているのである。

フーコーが例として挙げるのは教師と生徒との関係である。教師と生徒の関係は、権力関係として理解されることが多いが、この関係はそれ自体として悪ではない。なぜなら、教師が生徒に対して知識を与え、おこなうべき事柄について指示を出すのは権力ゲームの一環であり、生徒はそれに黙従するよう強いられてはいないからである。ここで重要なのは、むしろ、教師の恣意的で不必要な権威とその濫用とが存在した場合に、この服従を強いる支配の効果を回避する手法を生徒自身が知るということである。[20] つまり、生徒を教師の支配から解放するだけでは十分といえず、批判と抵抗の可能性を回復するために生徒はいかなる戦略を持ち得るかという点が支配状態を回避するための重要な課題となるのである。こうした課題への対処として、フーコーは「法の諸規則、合理的な統治技術、エートス、自己と自由の実践」[21] を強調する。つまり、彼は、道徳的領域（他者との関係）における支配の問題に対し、法的技術だけではなく、倫理的領域（自己との関係）における実践による克服を試みようと考えるのである。もちろん、ここでいう克服とは支配からの解放としての静態的自由を実現することではなく、「支配を最小限に止める」ことによって権力関係における動態的自由を実現することを意味している。

後期フーコーが倫理的実践を強調する理由はここにある。つまり、権力関係から支配状態へと陥らないためには、自己の動態的自由を維持すること、すなわち「権力関係における自己」について考え、この関係の中での自己に配慮することが必要となるのである。これは決して他者支配へと堕するキリスト教的意味での自己愛ではない。自己への配慮が意味するのは、権力関係（他者との関係）における自由を享受するために要求される自己の力のコントロールであり、自己の在り方・振る舞い方への永続的な批判・問い掛けである。(22) フーコーは「自己統治」という倫理的意味での自由によって、権力関係における自由を存続させることができると考えたのである。換言すれば、それは自己への配慮という倫理的実践に比重を置くことで、人々が支配状態へと陥るのを回避する試みであった。

3　権力と真理の関係について

フーコーは、ニーチェの系譜学にならって、真理（あるいは正義）そのものが普遍的絶対性をア・プリオリに備えているとは考えない。むしろ彼の分析によれば、真理は政治や社会、権力といった真理の外部に位置すると思われてきた事象と結び付けられている。(23) 彼の系譜学的手法は、それゆえ、真理が人々の間で超越性を獲得するに至る系譜を権力との関係において探究し、その起源や根拠を揺さぶることで現在の認識状況を問題化しようとする試みである。(24) この試みが従来の意味での真理という概念を解体するものであることは間違いない。しかし、この事実は必ずしも相対主義を標榜するものではない。彼の意図は、真理の無自覚な使用によって私たちに批判の余地を残さない絶対主義的な真理の支配体制を除去しようとするところにある。このような真理への態度は、人間がその本性において真理と調和的関係を築くと考えるアリストテレスとは逆に、人間が真理との関わりにおいて偶然の関係しか持たないということを示している。[25] つまり、真理は人々の間の権力関係から産出され、そこで戦略的機能を果たしているに過ぎないと考えられるのである。

それにもかかわらず（それゆえにこそ）、真理と虚偽との分離を進めることによって人々の言論に対する内側からの無意識的な規制を拡散するシステム（「真理への意志[26]」）を通じて、私たちの社会を構成する権力関係は真理によって秩序づけられている。つまり、真理は権力関係に由来するものであるが、その一方で、権力関係を支配し秩序づける力を持っているのである。それゆえ、彼の試みは、真理を権力から解放することではなく、真理を権力関係の中に再び置き直そうとするものである。

それでは、ここでいわれる「真理」とはいかなる意味を持つのであろうか。通常、真理とは全ての事柄について例外なく当てはまり、それ以外には考えられない普遍的な知識・判断を意味する。しかし、フーコーが系譜学的分析で明らかにしている通り、この普遍的な知識・判断としての真理はその形成過程に人々の間の権力関係を介在させている。つまり、真理とは、権力関係において個人が個別に語る戦略としての知識や判断に基礎を持つものであり、繰り返される批判や抵抗の中から生み出されてきたものである。この真理が全ての批判を排除し得る普遍性を獲得するということは、複数の個別的真理によって繰り広げられた権力関係の終焉、つまり、一つの真理による支配状態（批判と抵抗の可能性の消滅）への転換を意味する。したがって、フーコーの試み、すなわち、真理を権力関係の中に再度置き直す試みとは各人に個別的な真理を語る可能性を与えることに他ならない。それは相互の批判的言説を通じて展開される動態的自由への挑戦なのである。

彼が提示する個別的な真理とは、普遍的真理への洞察に本質を持つものではなく、いつ、どこで、何に専心すべきかを教えてくれるような実践的叡智のうちにその本質を持つものである[27]。したがって、個別的な真理とは戦略的次元に位置するものということができるだろう。現代のエコロジーについての運動は、こうした実践へと向かう真理の最たるものとして理解される[28]。環境運動家たちは、これまでの真理にならって組み立てられた科学技術の知識体制に対し、自然やライフ・サイクルについての知識から独自の真理を構成していく。この構成は闘争を意識せずに成された別次元の真理でもなければ、闘争を調停するための真理などでもなく、科学技術が基盤としてきた真理ゲームにおける批判戦略としての位置付けを有するものなのである。こうして、真理は複数性の次元に投げ込まれると同時に、後期ヴィトゲンシュタイン的意味でのゲームという性格を持つことになる。つまり、それは複数の真理命題が競合しつつ同時に存在し、しかも一つのルールが全てを支配・統括することの不可能な状態を意味しているのである。

「真理への意志」という支配システムを抜け出て「真理のゲーム」へと至る移行は、四つの原理に基づいた真理への抵抗によって成立するとフーコーは考える。その原理とは、①価値転換の原理、

②非連続性の原理、③特異性の原理、④外在性の原理である。[29] 価値転換の原理とは、伝統の枠組みを転換させることによって実現される批判を意味し、非連続性の原理は、歴史の必然性において現在を捉えようとする判断形式への訣別を意味する。特異性の原理とは、各々の出来事が、類似性に還元されない特異性を有していることを認めようとするものである。最後に、外在性の原理とは、ある記述や言説を生み出した思想や内面を推測することによってその記述や言説を判断するのではなく、それらに外在する諸関係（歴史的現実）から、それらの記述や言説がいかに生み出されたかを探究すべきとする考え方である。これら四つの原理は、人々があらためて考えようとはしない当然の事柄を問題化していくための方法原理であると同時に、闘争としての権力関係を理解し、遂行するための道具と言い換えることができよう。これらの原理によって真理は再び権力関係の中に置き直され、批判と抵抗の可能性を生み出す源泉となるのである。

　フーコーが晩年に語った「パレーシア（parrhesia）」の概念は、この「真理のゲーム」と深い関わりを持っている。古代ギリシアにおいて、パレーシアとは「自分の信じた事柄を語る権利」を意味し、この真理を語る者はパレーシアステースと呼ばれた。[30] 彼らは、自らに及ぶ生命の危険を顧みることなく、真理を直截に語ったとされる。フーコーがパレーシアステースとして挙げているのは、プラトンやクレオン、犬儒派哲学者らの古代ギリシア人である。彼らは、国王や一般の人々が奉ずる真理に対抗するかたちで自らの真理を主張した。例えば、プラトンはシラクサの僭主ディオニュシオスに対し、身の危険をも顧みず僭主を誡める。これに対し、激怒したディオニュシオスはプラトンを奴隷身分に落としたとされるが、プラトンはここで自らの真理を語ることによって、抵抗不可能と思われた支配的言説からの脱却と真理のゲームへの参画とを同時に果たしている。そして、彼が自らの真理に普遍性を要求するか否かは別としても、僭主に対抗する文脈において自らの真理を主張していることは、パレーシアの特徴を十分に描き出しているといえよう。

さらに「真理を語る」という同一のテーマで論じられながら、全く異なる分析を施された「告白(aveu)」制度との比較をおこなうことで、パレーシアの位置付けは一層明確化される。中世以来のキリスト教世界において、告白制度は人々に真理（特に、犯罪・宗教上の罪・性的欲望・病いと悲惨などについて）を語るよう義務付けてきた。告白をおこなう人々は、神に対して自分が何者であるのか、自分が何をしたのかといった事柄についての真実を詳細に語ることで罪悪から解放されると考えたのである。しかし、フーコーは「真理の産出にはことごとく権力の関係が貫いている」(31)と述べ、告白制度に伴う支配のテクノロジーに言及する。彼によれば、私たちは自分自身について語る真実の言説によって、自らのアイデンティティーを支配関係のうちに築き上げているのである。「真実の告白は、権力による個人の形成という社会的手続きの核心に登場してきた」(32)ということもできよう。告白という行為実践は、これまで「真実を語ることで解放される」という文脈において、人々の精神的自由と結び付けて論じられてきた。しかし、フーコーの研究によって、告白制度は自己放棄を促すことで人々を「服従する主体」へとつくりあげる支配メカニズムの一端として位置付けられたのである。これに対し、パレーシアステースは自己の救済を求める告白者とは正反対に、危険を冒すことを知りながら敢えて真実を語ろうとする。私たちは、ここに支配状態から権力関係への移行を見ることができるだろう。つまり、彼らは敢えて真実を語ることによって服従への対抗戦略を組み立て、「自己の自由」を実践したのである。この地点において、人々は普遍的真理や一般通念を問題化し、それらに異議を唱えることが可能となる。そしてここには、真理と権力の関係を見つめながら、自らの真理を語ることによって自由を実践したフーコー自身の姿が映し出されているのである。

4　権力の概念についての簡単な総括

このような権力についての概念は、法的権力モデルによっては明らかにされ得なかったいくつかの問題を分析可能なものとする。すなわち、自由の侵害としての権力行使という古典的な図式を超出した近代的な権力形態についての理解を可能にするのである。なぜなら、権力が関係としての日常世界における私たちの知と実践から形成されていると考えた場合、諸個人の生命・生活に積極的に関与しようとするタイプの権力がいかにして国家権力の一部を形成するに至ったのかという過程を明らかにすることも可能となるからである。権力を君主や国家中枢に帰属させ、権利を法的主体に帰属させることで成立する法的モデルは、これら権力や権利あるいはその主体がいかにして生み出されてきたかという問題を明らかにすることができなかった。同様のことが、法とノルム、刑罰と統制といった近代以降の権力形態の問題についても当てはまるだろう。

その一方で、フーコーの権力概念は、国家権力への抵抗運動や革命といった行為にこれまでのような重要性を見い出さないだろう。なぜなら、権力からの解放とユートピアの実現とを同時に成し遂げようとする革命論者は、権力が日常性を基盤とする「関係」として存在していることを無視し、権力関係からの離脱不可能性やそのポジティヴな側面を見誤っているからである。権力についての微視的な視点を取ることで、抵抗は普遍的な真理や権利主張を掲げることを止め、ローカルな知や個別的な真理あるいはその多様性を主張して、これまでの自明性の再問題化を図るようになると考えられる。(33)

*

最後に、フーコーの権力概念が孕む二重性（支配と自由という二重の響き）については、以下のように理解することができよう。すなわち、一九七〇年代におけるフーコーの著作は、権力関係から支配へと至る過程について淡々と語りながらも、常にそうした支配への危機が存在することを私たちに警告しようとする意識を歴史記述というかたちで表明してきた。他方、一九八〇年代の著述は、私たちがいかにして支配状態に陥ることを回避できるかという自己の実践的問題に関わっている。つまり、抵抗の可能性を内在し得る権力関係を回復・実現するための方策として、自由を中心とする倫理的視角が提示されたのである。

第三章　フーコーの権力分析

法的権力モデルの批判と新たな権力概念の導入により、フーコーは近代以降の社会に現れた権力形態についての分析を可能にした。しかし、彼の権力分析は、こうした独自の権力概念に依るものであり、また彼自身、理論としての体系性・統一性をそれほど重視していないため難解であると評される。そこで本章では、分散した理論を組み立て直すという作業を通じて彼の権力分析の方向性を示し、その理論の再定位を試みたいと思う。

フーコーの権力論は、『監獄の誕生』で中心的に論じられた「規律権力（pouvoir disciplinaire）」と『性の歴史Ⅰ　知への意志』(1)において展開された「生の政治（bio-politique）」という二つのタイプの権力形態についての分析から成っている。前者は一七世紀に、後者は一八世紀中葉にそれぞれ形成された権力形式であるが、彼はこれら二つを「生に対する権力の組織化が展開する二つの極」(2)

として捉えたうえで「生―権力（bio-pouvoir）」という共通類型の下におく。また、規律権力と生の政治とを結び付ける概念として提示された「ノルム（norme）」は、一九七六年のコレージュ講義において重要な位置を占めている。(3)

「生―権力」論の系譜は、旧約聖書に現れる羊と羊飼いの関係にまで遡ることが可能であり、彼はこの原初的権力形態を「牧人＝司祭型権力（pouvoir pastral）」と名付けている。(4) フーコーの説明によれば、羊飼いとしての指導者（神・国王）が羊の群れ（民衆）を従え、その生に配慮して彼らの救済を確実なものにするという発想は、古代オリエントを起源としてキリスト教世界を広く覆った権力の一形態であり、近代社会の権力分析においても極めて重要な示唆を含んでいる。一九七八年から一九八〇年までの三年間、彼はこの問題を集中的に論じ「生―権力」論へと発展させた。そして、この理論は、近代国家における国家理性（raison d'État）論から自由主義の政治経済学へと至る一連の分析（「統治性 gouvernementalité」についての研究）の骨格を形成することとなる。(5)

1　規律権力について

1　刑罰改革と監獄システム

規律権力を論じる際に、フーコーはそのモティーフとして監獄・兵舎・病院・学校・教護院・工場といった制度あるいは施設についての歴史を取り上げる。なかでも彼は一八世紀にフランスで実施された刑罰改革と実際に存在した監獄制度・刑罰システムとの間の差異に着目している。フーコーによれば、『監獄の誕生』冒頭で描写されているような残虐な身体刑は君主の統治権を誇示する儀式であり、強烈な恐怖の効果を見物人の眼前に繰り広げ、犯罪者の身体に対して徹底した報復をおこなうことで君主権の回復を図ろうとするものであった。この意味で、身体刑は「法律的–政治的機能」(6)を果たしていたと言うことができるだろう。つまり、フーコーも主張する通り、この時代の身体刑は「一つの技術なのであり、法律抜きの極度の狂暴さと同一視されてはならない」(7)のである。

しかしその一方で、一八世紀後半までに、哲学者、法学者、最高法院議員、三部会宛ての請願書、議会の立法家など、至るところで身体刑への批判が見い出されるようになる。(8)C・ベッカリーアを中心とする刑罰の改革者たちは、刑罰の目標を君主による報復ではなく、「個人を法主体として再規定する」[9]ことと考えていた。彼ら改革者たちの主張は、社会契約論を中心とする当時の思想状況からの極めて自然な帰結であった。なぜなら、社会契約の主体である個人は、社会の様々な法とともに自己を処罰する恐れのある法さえも最終的には受け容れており、それに違反した場合には、刑罰を通じて社会契約上の法的主体（法を厳守する主体）へと再構成されなければならないと考えられていたからである。

こうして、啓蒙期の法理論家たちによって犯罪は新たな定義を与えられ、それと同時に、刑罰についての新たな観念が提起されたのである。すなわち、犯罪は道徳的な過誤や宗教的罪過から切り離される一方で、君主の主権に対する侵害としての性格を失う。犯罪は市民社会の法に対する侵犯であり、犯罪者は社会の敵として位置付けられたのであった。それゆえ、刑罰もまた、超越的道徳や宗教、君主権の回復といったレベルを離れて、市民社会内在的な効果を有するものへと変更が求められたのである。その結果、刑罰は、犯罪者が再び法を犯さないよう不快や苦痛を与え、それと同時に、他の市民にもそのことを知らしめることを目的とすべきであって、そうした効果を創出するものでなければならないと考えられるようになった。言い換えれば、犯罪者を含む市民に対し、犯罪と処罰とを観念において結合させること、すなわち、人々のうちに犯罪と刑罰の表象体系をつくりあげることが重要課題とされたのである。改革者たちが提示した刑罰の技術は、こうした目標を達成するために、次の六つの規則を含んでいたとされる[10]。

1　**最小限の量の規則**　犯罪によってもたらされる利益よりも刑罰によってもたらされる不利益の方が大きいということを認識させる。

2　**充分な観念性の規則**　刑罰は身体への苦痛・不快そのものであるよりも、この苦痛・不快を観念上の記憶として刻み込み、表象として保持されるものでなければならない。

3　**側面上の効果という規則**　刑罰から与えられる最も強い効果は犯罪を犯していない人々への効果でなければならない。無期懲役は、死刑に比して、犯罪者にとっては過酷でないが、一般市民にとってはその隷属状態が最大限の恐怖となる。

4　**完全な確実性という規則**　犯罪を規定し刑罰を科する法は、社会の全成員が知ることのできるよう印刷され、その内容も明晰でなければならない。また、犯罪者が刑罰を免れ得る場合もあるという考えを持たないよう、監視機関（治安警察）による監視・逮捕が要求され、訴訟は公開でなされる。

5　**万人に共通の真実という規則**　拷問の使用、自白の強要、証拠の捏造など、人々が共有し得ない不正な立証形式を否定し、犯罪の正当な立証後に刑罰が科せられることを確証するのでなければ、犯罪と刑罰とは人々の観念において合致しない。ゆえに、裁判官は哲学者のように万人の認める真理を追求する。

6　**最も望ましい種別化の規則**　全ての犯罪とその性質を分類した記号体系を作ると同時に、犯罪の個別的性格に合わせた処罰を施すことが必要となる。

こうした改革要請に対し、実際の監獄制度・刑罰システムはどのようにつくられたのであろうか。フーコーは、一六世紀以降に設置された四つの監獄（オランダ、ベルギー、イギリス、アメリカ）を例として挙げている。そして、これらの監獄に共通して見られる特徴は、①被拘禁者の服役状態に応じて刑期を変えることができる、②労働を義務とする、③厳格な時間割り、禁止や義務の体系的事項、絶えざる監視、宗教中心の読書など、被拘禁者の日常を規制し再教育を施す、という三点にまとめられる。

改革者たちの提唱するシステムと現実の監獄システムとの間には、再犯の防止を最大の目的とする点、効率的な刑罰技術を用いるとする点、刑罰の期間・手法・軽重などを犯罪者個人の性質に合わせて決めるという点では類似性が認められる。しかし他方で、両システムの間には根本的な相違点が認められると考えるべきだろう。まず第一に、改革者たちが構想した刑罰の規則においては、犯罪と刑罰との間の観念的つながりを諸個人（犯罪者を含む）に示し、その表象を植え付けることが目的であったのに対し、実際の監獄では、犯罪者の身体を直接の対象として、それを矯正・教育し、新しい身体を生み出すことが目的とされた。つまり、刑罰の対象が表象から身体へと移行しているのである。第二に、現実の監獄が示す内容は、万人に共通の真理としての法の定式（犯罪＝刑罰という定式）を利益／不利益の比較衡量という観点から実証し、それを社会に示すことで社会契約を遵守する法的主体を再構成するという改革者たちの要求からは掛け離れたものであった。すなわち、それは、厳しい時間割、義務としての運動、規則的な活動、共同作業と個別的瞑想など、非公開を前提とする訓練を通じて「服従する主体（sujet d'obéissance）を形成するためのシステム」として構成されていたのである。

改革者たちの処罰形式は、正／不正を示す法的権力を前提とした社会契約を基礎とし、これを遵守させる効果を刑罰に求めているという点で法的権力モデルの一端に位置付けることができる[11]。他方、「服従する主体」を生み出すとされる監獄システムは、再犯防止という目的において共通性が見られるものの、単なる法の遵守という枠を超えて、犯罪者の日常的な生活・習慣への関与による規律化をおこなうという点で法的権力モデルとは一線を画すると考えられる。一九世紀後半、F・リストによって体系化された新派刑法理論についてフーコーは触れていないが、一般予防よりも特別予防を重視する点や慣習犯に対する相対的不定期刑を主張している点については、この理論とこの監獄システムとの密接な関係を指摘することもできるだろう。なぜなら、ベッカリーアら古典派が、犯罪者を違法行為において捉え、刑罰を通じて彼を再び「法的主体」へと引き戻そうとしたのに対し、新派の側は犯罪者を違法行為者として捉え、彼の生活習慣や性格などに潜む犯罪者そのものの非行性・危険性を改善しようと試みているからである。

しかし、フーコーの記述に従えば、新派の刑法理論に先立って監獄における改善・教育のための技術は確立していたということができるだろう。このことは、監獄というシステムが刑法理論についての法的言説から相対的な独立性を維持していたことを示している。つまり、監獄というシステムに、法的権力とは異質な新たな権力の形態（規律権力）が現れ、次いで、この権力形態が刑法を中心とする法的言説に新たな知識と権力の在り方を拡散し、浸透させたという考え方が成立するのである。

2　規律権力と支配

フーコーは、この新たな権力の形態、すなわち規律権力が近代における個人と社会の在り方に決定的な影響を及ぼしたと考える。彼の権力概念が示しているように、規律権力は実体としてではなく関係として考えられたものである。したがって、それは一方的な抑圧や支配、従属などではなく、人と人との間に常に生起している権力の関係という枠組みで読み解かれなければならない。しかし、規律権力は私たちの自由と結び付いた「権力関係」そのものではない。それはむしろ、権力関係が支配へと向かう一形式であって、諸個人が各々の関係を介して支配状態へと取り込まれていくプロセスである。権力関係から支配状態への移行は、結果的に、人々から抵抗や批判の可能性を奪うことになるだろう。それは、動態的自由を享受する私たちが、諸々の権力関係の中から次第に思考や行動についての自由を攻囲され、一定の規範や規律への服従を余儀なくされるという状況に等しい。それゆえ、規律権力の分析は、支配へのプロセスにおいて作用する様々な技術についての研究として位置付けることも可能である。

規律権力は一八世紀に突然発見・発明されたものでもなければ、監獄のみに現れた権力形態でもない。それは、複数の起源を有するいくつもの方策が、その過程を繰り返したり、模倣したりしながら集積して形成されたものである。この権力形態は人々の身体（あるいはその内面）を管理の対象として、その行為のプロセスに綿密な働き掛けをおこない、従順な身体をつくりあげる。身体への緻密な働き掛けこそが規律権力によって実践される技術である。この技術には、配分の技術・活動のコントロール・成長過程の組織化・様々な力の構成の四つがあり、監視・処罰・試験がそのための手段として用いられている。(12)

配分の技術とは、私立学校の寄宿舎や兵舎、工場などにも見られるように、空間を閉鎖し、一人一人を碁盤割り状に配置することである。活動のコントロールは、精密な時間管理と正しい立ち居振る舞いについての規定であり、これによって些細な動きにまでも従順さが要求されることになる。成長過程の組織化では、段階的な教育が諸個人に施される。すなわち、初等・中等・高等といった段階付けの中で時間的に個人を把握するのである。最後に、様々な力の構成とは、身体を機械部品の一部のように組み合わせることであり、身体と身体あるいは身体と機械との組み合わせが自在におこなわれる。

このように、規律権力は個人の日常的な行為に視線を合わせ、それを規律化するというタイプの権力形態である。ここでは、権力を保持する権力者（君主）が個人（臣民）に対して拒絶や排除をおこなうという従来型の権力行使は見られず、また主権者の命令として正／不正を専断するような法的規則も失われている。この権力形態においてはむしろ、監視と処罰を繰り返すことによって、一定の標準や規格（すなわちノルム）に合致した個人を形成するとともに、その内面化の技術によって「服従する主体」を生み出すことが目的とされているのである。しかも、このノルムは、近代以降、人々が社会生活を営むにあたって当然有するべきとされた知識や資質を表現しているために、誰もが疑い得ないものであり、たとえ疑うことができたとしても人間学的な知や「真理への意志」と結び付いた権力の技術がそれを不可能にしていると考えられる。

この意味で、規律と法とは明確に区別されることになるだろう。すなわち、法は正／不正の二項対立によって禁止の裏面としての許容領域を創出し、その領域においてはいかなる自由も認められるという発想によって支えられている。これに対し、規律は諸個人の生活全体についての監視と結び付き、その行動に逐一干渉すると同時に、不可侵の自由という領域を私たちに残さない(13)。つまり、規律権力においては、矯正の連続と引き換えに法律違反という観念が放逐されるのである。フーコーは、この規律権力の拡張が近代社会を広く覆っていると考えた。なぜなら、規律の機能は、社会的危険性の除去や怠惰な者・狂暴な者の従順化という消極的な役割から個々人の効用の可能性を増大させるという積極的な役割を担うようになるからである。この意味で、規律権力と資本主義の発達は不可分の関係にあったともいえよう(14)。工場労働者の規律化は生産の増大をもたらし、教育過程の規律化は行為の道徳化・身体の発達・有用な知識の獲得などを実現するものとして理解された。規律権力は全体にとって役に立つ個人を形成する技術として浸透したのである。

さらに、規律の技術は監獄や工場などの施設の閉鎖性という限界を超えて、社会全域についての柔軟な取り締まりというかたちで拡大し、国家が管理する「ポリス（police, Polizei）」の機能とも結び付いた。ポリスは国王との間に直接的な結び付きを有する機関であったが、陰謀や叛乱の規制といった役割のみを果たしていたわけではない。この機関は、家族・教師・地区の住民などからの請願に応じて、社会の秩序や品行を乱す者の取り締まりをおこない、社会全体に規律権力の媒介的な網目を広げていったのである。

規律権力は、後にドゥルーズによって「管理社会[15]」という言葉で表現されるように、私たちにとっては出口のない支配のように思われる。規律という権力の形態は、その効果として、人々を排除したり抑圧するよりも、教育・矯正することで個人の効用を上昇させ、全体の生産性や社会の安全性を増大させる。さらに、規律権力は君主や国家のような可視的なかたちでの権力行使を伴うことなく、私たちの日常的な生活に埋め込まれた不可視なシステムを通じて作用する権力形態である。この点は、合法／非合法という明確な法規範よりも、人々の「ノルム」としての標準を用いるという特徴と直接結び付いている。この社会標準を用いることで、人々にとっての不合理な法は姿を消し、それと同時に、個人の行動は規格によって予め定められた曲線に合致するよう整型と矯正を施されるのである。

私の理解によれば、こうした状況は「権力関係」の非対称性によってもたらされる「支配」状態の前段階として位置付けられる。なぜなら、人々は規律化のプロセスによって「服従する主体」として生み出され、逸脱者は矯正というかたちを取って現れる再規律化の過程へと誘導されるからである。このような権力形態は、自らが生み出された過程や自らに課された役割への批判を不可能とし、権力関係の存在条件であった「抵抗」の可能性を各人から奪う結果となる。それゆえ、規律権力の完全な浸透は人々の自発的な服従をもたらし、一切の強制や抑圧が不要な目的の王国を形成するだろう。この瞬間において「透明なコミュニケーション」というユートピアは「支配」へと堕するのである。

2　生の政治について

1　死への権利から生の政治へ

『知への意志』最終章は、君主が臣民に対して有する特権、すなわち「生と死に対する権利（le droit de vie et de mort）」についての記述から始まる。君主の臣民に対する権利は、古代ローマの家父長権に由来すると考えられるが、それは君主が臣民を自由に扱う権利であり、そこには臣民を殺害する権利までも含まれていた。もちろん、この「死への権利」には君主の自衛のためという制限が付されているが、臣民が君主の権利を脅かした場合には刑罰というかたちで、外敵が君主を狙うときには国防への参加命令というかたちで、君主は臣民を直接殺害したり、彼らを死の危険にさらすことができたのである。つまり、ここで言及した生と死に対する君主の権利は「死なせるか、それとも生きるままにしておくか[16]」という言葉で表現される通り、生よりも死を中心とする非対称的な権利であった。こうした権利の形態は、近代国家においても基本的には変化していないように思われる。なぜなら、法を犯した者には刑罰を科し、主権国家が危機に瀕したときには国民を前線へ送るという死への権利が近代国家とその法によってもそのまま維持されているからである。

これに対し、フーコーは、全く逆の角度からの分析、すなわち「生の政治」という視角からの分析を試みる。それは、一八世紀中頃に規律権力から少し遅れて現れる「生─権力」のもう一方の極であり、「生命に対して積極的に働きかける権力、生命を経営・管理し、増大させ、増殖させ、生命に対して厳密な管理統制と全体的な調整とを及ぼそうと企てる権力[17]」である。彼は、こうした視点から権力分析を試みようとする論拠を挙げている。

その第一は戦争形態の変化である。一八世紀までの戦争と一九世紀以降に現れた戦争との間には、その形態において極めて大きな変化が見られる。すなわち、一七世紀から一八世紀における君主間の戦争がその様式の形式性や慣習性を重視し、ごく少ない殺戮で戦いを終結させたのに対し、一九世紀以後の戦争は殲滅戦であり、兵士以外にも多くの死者を伴うものであった。こうした戦争形態の変化を促した要因として、各国のナショナリズムの高揚が挙げられる。つまり、国家への忠誠が敵である相手国への憎悪というかたちを取って、戦争形態を苛烈なものへと移し替えたのである。しかし、フーコーは、それ以上に重要な変化、すなわち権力の存在形態についての変化が生じたと考える。「戦争はもはや、守護すべき君主の名においてなされるのではない。国民全体の生存の名

において なされるのだ。住民全体が、彼らの生存の必要の名において殺し合うように訓練されるのだ」[18]という彼の指摘は、死を中心とする権力形態が国民の生存や安全を保障しようとする権力形態へと変化したことを意味するものである。この説明を敷延すれば、殲滅戦や大量虐殺といった国民・民族の全滅へと向かう戦争は自国民や自民族の生存を保証する権力の裏面として現れるのである。人間を法的主体として捉える法的権力モデルによれば、処罰されるのは法に違反した者であり、主権者の権利を侵害した人々であった。しかし、近代以降の権力は、国民全体の生存を人口というレベルで管理し発展させるため、あらゆる危険を排除する目的で、敵国民の全体を死にさらすようになったと彼は考える。一九世紀以降の残虐な戦争は古典期における死への権利の延長ではなく、生の政治という新たな権力形態によってもたらされた帰結として理解されるべきであり、核兵器による大量虐殺はその究極のかたちとしての意味を持つとされる。

第二に挙げられるのは死刑の問題である。死刑の執行は戦争の犠牲者数とは反比例を成して減少しているが、フーコーは、この傾向が人道主義の喚起する感情的な理由によるものだけではないと考える。彼の主張する生の政治は、人々の生命・生存を維持するタイプの権力形態が近代以降の市民社会において発展を続けているとするものであるから、古典的な死への権利の行使である死刑執行が近代以降減少を続けているという事実とは整合的である。それにも関わらず、今日死刑が執行されているのは、犯人の異常さ、矯正不可能性、社会秩序の維持などの理由から住民の生命を守るうえで犯人を殺害することが必要不可欠と考えられる場合である。このような議論から、古典的な権力形態から引き継がれた死刑制度を残虐なものと捉える人道主義的死刑抑制論が、理念として存在しているとしても、近代以降の状況を正確に説明し得るものとはいえない。むしろ私たちは、人々の生命と社会の安全性をいかに守るかという観点から死刑について考えざるを得ないのである。

以上のように、古典期の君主が有していた刑罰権と戦争遂行権に関わる近代以降の変容を理由として、彼は「生の政治」という新たな権力の形態をその分析の中心に据えるのである。こうして「生きるという現実」が人々の重大な関心事となり、それに関わる知が産出され、国家の在り方にも大きな変化が及ぶこととなった。すなわち、誕生、死亡率、健康水準、寿命、公衆衛生、住居、移住など人間の生物学的プロセスに関わる身体を中心とした知識が政治的テクノロジーにおいて大きな比重を占めるようになる。規律権力が監獄や学校などの制度・装置を中心として機能したのに対し、生の政治は社会体のあらゆるレベルに存在する調整技術として機能するのである。

フーコーは、一八世紀フランスの経済学者F・ケネーや同時代の人口学者に依拠しながら、住民とその収入の関係や生命の確率論的長さについての人口統計学的分析、あるいは富とその循環や国力の増大に関わる経済学的分析に言及し、近代以降の人々の関心や統治の在り方が、国民や民族、住民などの生命（あるいは生活）を対象とするものに変化してきたことを指摘する。このような状況において、法もまた従来の古典的権力モデルに依拠しつつもその性質を変えていった。法的権力モデルに見られた権力と法の形態は、違法な者、非合法な者に対して常に刑罰を科し、死刑を最後の手段としていた。しかし、生を直接の対象として管理・発展させようとする権力形態は「持続的で調整作用をもち矯正的に働くメカニズム」[19]を必要とする。こうした状況下で、近代以降の法は正／不正についての明確な線を引くことによって人々を一律に裁くという本来の機能よりも、諸個人を社会標準の下に規律化し、矯正を通じて調整をおこなうという機能を一層増大させたのである。

その結果として、法制度は、行政的規制や医学的正常化といった調整的機能からの侵食を激しく受けているのである。市民革命以降の憲法を始めとする諸法典は、こうした調整機能や正常化機能を受け容れられるものにするための形式として存在していたに過ぎないとフーコーは考える。また、二〇世紀初頭になって人権リストに加えられた社会権は、こうした機能の保障を古典的な権利というかたちで憲法に組み入れようとしたものとして理解できよう。しかし、生命・幸福・健康・欲求充足などへの権利は、生─権力の系譜を下地として形成されたものであり、これまでの古典的な法律体系には収まり得ない新しいタイプの権利であることは明らかであろう。

2　国家理性論から自由主義の統治へ

フーコーは、生の政治を一八世紀中葉に始まる権力形態として捉えたが、後の国家理性論から自由主義の政治経済学に至る統治性研究もまたこれと同時期を扱うものであり、生の政治が誕生する過程を具体的なレベルで読み解く試みとして理解されよう。以下では、コレージュ・ド・フランスにおける講義のレジュメなどを参照しつつ、統治性研究における生の政治について概観する。[20]

一六世紀に始まる国家理性論の展開は、それ以前の国家統治に関する理論と一線を画するといわれる。それまでの国家統治は、神による自然の支配や魂による身体の支配を模倣することに重点がおかれており、統治の対象から隔絶された外部の規範に基づく支配が一般に語られていた。これに対し、国家理性論は統治の合理性を統治の対象である国家そのものの性質に見い出そうとする。それゆえ、神や自然の法に基づく支配を脱したマキャベリの政治思想も君主の臣民に対する外在性を認めているという点で国家理性論以前の認識を引きずっていたことになる。一六世紀後半から一七世紀にかけて、イタリアを中心に進められた国家理性についての研究は、国家を統治するための知であると同時に統治のための技術であったということができよう。なぜなら、国家理性論は国民（住民）や領土に固有の性質を見い出し、それを手掛かりに維持・管理を進めることで国家の豊かさを追求しようとする試みといえるからである。したがって、国家理性論は国家の家政学（家父長による家族と財産の管理）としての性質を有していたのであり、時として君主や法を拘束する力さえ持っていた。具体的には、食糧・住居・医療など生活条件の安定化を通じてなされる人口管理、資源の確保や交通・都市の整備による生産・流通の管理、そして、こうした国力増強を背景とする貿易や軍備の拡大が実現されたのである。[21]さらに、こうした国家理性の理念を具体化したものとして、フーコーは一七世紀から一八世紀にかけて構想された「ポリス」に言及する。[22]先に触れた通り、ポリスは、住民が要望する幸福・福祉・健康などについて積極的な役割を果たし、これらを保障すると同時に、社会の安全・平穏のための取り締まりをおこなったのである。これらは全て、国家理性論によって追求された国家の維持・発展を実現するための個別的かつ全体的な努力であった。

これに対し、一八世紀には国家理性論への批判としての「自由主義（Liberalism）」が現れる。ここでの自由主義は法思想から導かれるものではなく、むしろ経済分析に由来するものであり、フーコーによればケネーを代表とする重農主義者たちやA・スミスらがこれに該当する。(23) 国家理性論と自由主義とは国家の富裕化を目標とする限りで同根だが、後者は前者による統治への強い批判を内在的に含んでいる。なぜなら、国家理性論は人々の生活をポリスによる厳しい規律の下においたが、その統治は極めて微細な生活秩序にまで及んだため「統治の過剰」という事態を引き起こした。国家についての家政学理論は、過剰なまでのパターナリスティックな統治が国力増大に不可欠と考えていたのである。

こうした統治の過剰を是正するために、自由主義の政治経済学は国家を前提とせずに議論を進める。彼らの議論は「なぜ人は統治せねばならないのか(24)」という問題提起に端を発していることからもわかる通り、統治あるいは規律に対して批判的であると同時に謙抑的である。しかし、自由主義は統治の不在を意味するものではなく、市場や人口といったマクロ・レベルの組織体が有する固有の自然性を根拠に統治をおこなおうと試みる。国家理性論が、人口や国力の増大を目指して積極的な介入をおこなったのに対し、自由主義は極端な増加や減少を回避し、人口や市場の法則性から予め導かれる一定の範囲としての標準値を基に調整をおこなうのである。この意味で、彼らの統治は国家を前提としない市民社会の自然性をその原理としていたのであり、国家の透明性は「見えざる手」へと一歩近づいたともいえるだろう。他方で、自由主義の統治は、ポリスによっておこなわれてきた個々の住民に対する過度の規律や介入に依ることなく、社会体というマクロな集合において生じ得る危険性や損失をコントロールすることを可能にしたのであった。

フーコーは、このような危険性の管理が「保障の装置（dispositif de sécurité）」によってなされたと考える。ここでいう「保障の装置」とは、住民の生命・生活に対する保障と彼らの活動の自由とを同時に実現しようとする技術である。それは、国家理性論によってなされた過度の統治・規律を排除したうえで、人口や市場が有する固有の自然性・法則性に依拠した調整を社会全体に行き渡らせようとする自由主義の管理形態といえるだろう。このタイプの管理は、政府による穀物の価格統制を廃し、市場の自己調整作用を機能させることで飢饉の発生を抑え、伝染病の予防や公衆衛生の普及によって人口や寿命の極端な低下を抑制する。(25) 自由主義の統治は、このようなマクロ・レベルでのリスク管理をおこなうことで、人々の生命と生活を保障したのである。

＊

それでは、自由主義の統治や管理は私たちの自由といかに関わっているのであろうか。保障の装置は、生命・生活の安定を保障すべく調整をおこなうことで、人々が自由を享受するための前提条件を提供している。つまり、私たちの自由は、この自由主義の統治技術によって支えられているということもできるのである。また、この統治技術は国家による直接の関与を最小化しているために透明性と不可視性とを帯びている。それゆえ、私たちの自由は統治性との間に一層緊密で透明な関係性をつくりだしているのである。

しかしその一方で、私たちはこのような統治に対して、フーコーが示した自由の概念、すなわち、批判と抵抗の実践可能性としての自由を保持し続けることができるのであろうか。社会の安全性や生命・生活の保障といった言葉が、私たちの議論の限界を形成することで、自由主義の統治に対する批判的視角は麻痺させられているのではないだろうか。ここには、自由の基盤を提供する「保障の装置」が、実際には、抵抗不可能な支配状況を生み出してしまうというジレンマが存在する。私たちは出口なき袋小路に入り込んでしまったのであろうか。フーコーは、そうした悲観的推測が誤りであること、そして「保障の装置」に身を委ねる安楽さが極めて悲惨な結果をもたらすことを示唆する。統治の形式や技術、その目的や構想を次々に明るみに出す彼の統治性研究は、まさに統治への批判の可能性を紡ごうとする系譜学の試みであり[26]、そこから引き出されるべき批判と抵抗の可能性は、法哲学と政治哲学が担うべき新たな課題として現れるのである。

II

権力論の法哲学・政治哲学的構成

第四章　「フーコーと法哲学及び政治哲学」への序説
――フランスの反ニーチェ主義とアメリカのフーコー

フランス人はニーチェの影響を三度受けたといわれる。一度目は一九世紀末の作家たち、二度目は両大戦間期の知識人、[1] そして三度目は一九六〇年代の哲学者を通じて。この三度目の時機を形成したのが、フーコー、デリダ、ドゥルーズといった人々である。フランスにおけるニーチェの伝統を受け継いだ彼らの思想は「ポスト構造主義」と呼ばれ、一九七〇年代にヨーロッパ内外で大きな反響を巻き起こしたことはよく知られている。これに対し、一九八〇年前後から現れ始めた「反ニーチェ主義」の動きは、L・フェリ、A・ルノー、V・デコンブら、フランスの若手哲学者を中心に展開されてきた。[2] 彼らの主張は、一九六〇年代の哲学に対する批判、特に「哲学的スタイルの過剰」と「主体の排除」という二つの問題点に向けられている。なかでも、後者は「人権」の基盤である近代的個人の観念を揺るがすものとして、彼らの批判の主たる論拠とされてきた。このような視点からフェリらは、ニーチェやフーコーの思想に含まれている前近代的な野蛮さやファシズムへの傾向性を明らかにしようと試みている。

一方、アメリカでは、相対主義的リベラリズムを唱えるR・ローティや『アイデンティティー／差異』(3)の著者W・E・コノリーらが、法哲学・政治哲学の領域でデリダやフーコーの哲学をもとに議論を進めている。この動きは、ロールズ以後のリベラリズムを解体するという消極的な作業というよりも、むしろ英米におけるリベラリズムの影響力を認めたうえで、さらに積極的な自由を実現する試みであるように思われる。

以上のように、フランスとアメリカでは、フーコーらポスト構造主義と呼ばれる哲学者に対する見解も大きく異なっており、彼らをどう位置付けるかという議論が、これからの課題として残ることは間違いない。フランス・アメリカ両国で、フーコーらの哲学をめぐる議論が、法哲学・政治哲学上の問題を論点として展開されていることは非常に興味深い事実である。アメリカは哲学において、フランスよりも二〇年遅れているといわれたが、この問題はそういって簡単に片付けられるものではない。両国の文化的・歴史的事情が複雑に絡み合っていることはいうまでもないが、それとともに、双方の議論がポスト構造主義の孕む両義性を如実に反映しているのではないかとも考えられる。

1　フランスの反ニーチェ主義によるフーコー批判

フェリとルノーは共著『六八年の思想』(4) において、一九六〇年代のフランス哲学に対する包括的な批判をおこなっているが、それに加えて、フーコー、デリダ、ブルデュー、ラカンの四人については、それぞれ別個の章を設けて具体的な批判を試みている。フーコーについての章には「フランスのニーチェ主義」という表題が付されている通り、彼らはフーコーの哲学を「ニーチェ主義」と位置付けるのであるが、そこには二つの特徴が見い出されるという。その第一は、彼らニーチェ主義者が哲学的スタイルとしてパラドクスを好み、混乱や複雑性へと向かう傾向が強いというものである。この傾向は、フーコーの記述スタイルについてもいえることであるが、それと同時に彼の政治的行動のスタイルについても当てはまるといわれる。第二の特徴は、「主体性 (subjectivité)」に対するラディカルな批判である。近代の思考は神への従属から人間を解放したとされるが、その一方で、普遍的理性の拠り所を人間そのものに求めた。これにより人間は自由と理性を合わせ持つ存在としての「主体」となったが、ニーチェやフーコーによれば、このような主体の観念は、人間を普遍的理性の下につなぎとめようとする不可視の支配として機能したのである。

こうした批判に対し、フェリらは、主体概念を排除することによってもたらされる帰結を問題として提起している。それによると、フーコーらの主体に対する批判を受け容れた場合、その哲学的帰結として、ポジティヴな行為者という観念を回復する余地がなくなるということになる。つまり、個人の自由を基礎付ける基盤が失われることになるのである。また、政治的帰結としては、合理的で自律的な主体という哲学的基礎を失うことにより、「人権」概念を支えてきた諸理論の存立が危険にさらされることになるという。フェリらの批判はこの第二の特徴を中心に展開されており、彼らはそこから、強者の意志を正義とするバーバリアニズムが導かれることになると結論付けている。さらに、デコンブもほぼ同様の視点から議論を進めている(5)。彼によると、社会的関係を「力の関係」とみるフーコーの立場に従えば、主体の概念を排除することによって、個人の主権（souveraineté）が絶対化され、社会は前近代的な支配状況に陥ると考えられる。デコンブは、このような傾向がドゥルーズの専制政治擁護の姿勢において明確に現れていると主張する。

こうした議論から、フランスの反ニーチェ主義者たちは、フーコーによる主体のラディカルな批判を退ける。しかしその一方で、彼らは一九六〇年代の哲学によってなされた形而上学的主体とブルジョワ的主体の批判を受け継ぎ、これと両立可能なタイプの主体概念を再考することで、人権概念の基盤をこれまで通り維持しようと試みるのである。なぜなら、彼らの考えによれば、普遍的人権の観念を確立するためには①主体について最小限の説明をなし得ること、②主体間のコミュニケーションが原理的に可能であること、という二つの前提が不可欠とされるからである。

フェリらフランスの反ニーチェ主義者たちによるフーコー批判は、彼の権力論や近代の主体概念に対するラディカルな批判から反ヒューマニズム・反人権の傾向性を導こうとするものである。そして、彼らの理論的基礎には、J・ハーバーマスのコミュニケーション論があると考えられる。(6) そこで以下では、「主体」についてのフーコーの研究及びハーバーマスとの比較を通じて、彼らの議論に対する反論を試みたいと思う。

2　主体の再構成

1　主体の排除と主体の再構成

フェリ、ルノーらを含む反ニーチェ主義者たちは、フーコーが主体の排除をもくろみ、倫理や道徳の根拠を解体することに専心していたかのように理解しているが、これは一面的な理解に過ぎない。デリダはこの点についてフェリとルノーの批判に応えている。

フーコーのディスコースについては、その発展の段階に応じて言っていることに違いがあるかもしれない。彼の場合、主体性の歴史というものがあって、人間という形象の抹消を宣告したこともあったが、この歴史は決して主体の「解体」を意味するものではなかった。そして彼は最後の段階で再び道徳とある種の倫理へと舞い戻ったのである。(7)

フーコーの「主体」についての研究は、一貫したものではなく、いくつかの移行を伴って展開されている。M・ポスターは、この移行を次の三つの時期に区分している。(8)

①一九六〇年代前半　L・ビンスワンガー『夢と実存』の翻訳・序文、『精神疾患と心理学』などの著作は、実存主義的な観点から主体の問題を取り上げている。

②一九六〇年代後半から一九七〇年代　『言葉と物』を代表とするこの時期の著作は、いわゆる構造主義の影響下にあって「主体の死」を宣告する。それは、近代の設定する「主体としての人間」という観念が歴史的な価値に過ぎないということを明らかにすると同時に、これを問題化しようとする試みである。

③一九八〇年代　『性の歴史II　快楽の活用』『性の歴史III　自己への配慮』は、主体について積極的な取り組みを見せている。特に、この二著はギリシア・ローマ古代における自己の倫理的構成というテーマに基づくものである。

「主体」というテーマについての以上のような研究の変遷の中で、②から③への移行には断絶があると考えられてきた。フェリらの批判も、こうした認識に支えられたものである。しかし、「啓蒙とは何か」(9)と題されたカントの同名論文についてのフーコーの論考を吟味することで、②から③への移行を整合的に理解することができるだろう。

フーコーは『言葉と物』(10)において「人間」を問題化したが、それはカントによって提起された「人間学主義（ヒューマニズム）」への批判であった。「人間とは何か」という問いに対して、カントは一般的な定義を与え得ると前提していたが、このような人間学的態度は人間の真理としての本来性を規定しようとする試みでもあった。具体的には、肉体を持ち、労働し、言語を話す存在としての「人間」という観点から、生物学、経済学、言語学などをモデルとして心理学を始めとする人間科学が成立したのである。こうして生み出された「人間」についての知は、社会の諸制度を構成する権力装置（監獄、病院、学校などに存するメカニズム）を通じて人間の服従化＝主体化（as-sujettissement）を実現していったのである。

こうした分析から、フーコーは、近代における「人間」という主体の形態が歴史との関係において必然的な文脈の中で構成されたものではなく、その基盤が偶然のものであったということを認識するに至るのである。(11) そして、彼のこのような認識は主体の形態を組み替えることが可能であるということを示唆している。つまり、フーコーはカントを問題化することによって、別の形態の主体を再構成する潜在的可能性を明らかにしたといえるだろう。しかし、この再構成の現実化、すなわち積極的展開という段になって、彼は再びカントに、啓蒙の哲学者としてのカントに言及するのである。

啓蒙についてのテクストにおいて、問題は現在性のみにかかわる。彼は全体性や将来の完成をもとに現在を理解しようとはしない。彼は差異を求める。昨日に対して、今日はいかなる差異を導きいれるのかと。(12)

フーコーは独自の解釈によって、カントの「啓蒙」を捉えようとしている。それは普遍的理性や権威的道徳あるいは歴史的目的に依拠することなく、自らの理性を使用し、現実に働きかけ、自己の連続的な変化を実現するというものである。(13) したがって彼は、人間学のカントと啓蒙のカントとの分離を主張することになる。なぜなら、啓蒙が「批判及び、私たちの自律における私たち自身の絶えざる創出という原理」(14)であるのに対し、人間学は、人間の内実を規定し規律化するという意味で両者は緊張関係に位置するからである。こうして、フーコーは人間学のカントを批判し、啓蒙のカントを独特の解釈(15)によって受け容れたと結論付けることができる。彼は、このようなカント解釈を通じて、近代的な主体概念におけるヒューマニズムの崩壊から新たな主体の構成へという移行を果たしたのである。また、この移行では彼の権力論が重要な役割を担っている。

2　権力論と主体の再構成

フーコーは、その権力論において、「権力関係」は社会の至るところに散在すると指摘したが、こうした考え方は多くの誤解を招くこととなった。つまり、社会のあらゆる局面に権力関係が存在するとしたら、人間の自由は失われてしまうのではないか、と。このような誤解はデコンブのフーコー批判にも見られるが、それと同時に、フーコーとファシズムとを結び付けようとする論者の多くによっても共有されている。(16)

しかしながら、彼が「権力」というとき、それは常に「権力関係」を意味しているのであり、

「支配」という言葉とは厳密に区別されていることに注意しなければならない。彼の言う「権力関係」とは、戦略的ゲーム（政治的関係に限定されない人間関係）であり、双方が必ず抵抗の可能性を持つという意味において、当事者は原理的にある程度の自由を有する。それに対し「支配」の状態は、主人と奴隷との関係として位置付けられ、権力関係の均衡が崩れた状態を意味する。この状態において、被支配者は抵抗の可能性を持たず、自殺か支配者の殺害という戦略を選択するにとどまる。

ここでの問題は、権力関係にある人々がいかにして支配状態に陥ることを回避し得るかということである。この問いに対し、フーコーは、他者への配慮に優先して、自己の自由を実践する手立てとしての「主体の再構成」に強調をおく。これは、自己自身との関係を築くことによって、自己から発散される権力を自ら制限あるいは管理するという自己への配慮という姿勢である。こうした姿勢は、ギリシャ・ローマ古代の哲学に顕著なものであるが、他方で、自己愛が他者支配を導くという連想によって人々に自己放棄を促そうとするキリスト教の伝統とは対極に位置するものである。また、そこで要求される態度は、フーコーの「啓蒙」解釈からもわかる通り、普遍的理性や権威主義的道徳のルールへの単なる黙従であってはならず、自己の欲望に拘泥する自己隷属的なものであってもならない。

こうした実践において、権力関係を構成する様々なルールから産み出される「真理」が重要な役割を果たす。それは権力関係の外側から課されたものではなく、人々が行為の実践において産み出してきた、いわば内側からゲームを支える原理である。したがって、人々はどの真理を受け容れ、どれを受け容れないのかという倫理的境地において、自ら判断するという自由を委ねられることになる。

彼の権力論は、社会の諸制度を論じていた段階と主体の再構成を論じる段階の二つに区切られるが、いずれの段階においても「権力関係」という概念は共通の機能を果たしている。ただ、二つの段階の相違は、この権力関係という人間の重層を外側から見るか内側から見るかというところにある。しかし、こうした概念の発明が「主体」の問題を再び取り上げ、一度抹消された主体を再構成する契機となった。フェリら反ニーチェ主義者たちの批判とは正反対に、フーコーはカントのヒューマニズムを排して、新たな倫理あるいは道徳の形態を導こうと試みたのである。

3　フーコーとハーバーマス

フェリら反ニーチェ主義者の批判は、前述した通り、ハーバーマスの議論をもとに構成されたものと考えられる。(17) なぜなら、主体の排除や権力論を中心とするフーコー批判及びコミュニケーションを理論的原理とすることで問題の解決を図ろうとする哲学的姿勢は、ハーバーマスとほぼ共通のものと考えられるからである。そこで、フーコーとハーバーマスの比較を通じて、反ニーチェ主義者たちが依拠する理論的基盤の検討を試みたいと思う。

ハーバーマスのフーコー批判は、現在主義・相対主義・隠れ規範主義の三つに要約できる。現在主義とは、現在の必要性を暗黙の前提とするフーコーの歴史分析に対する態度に向けられた批判である。これに対し、相対主義及び隠れ規範主義として展開される批判は、フーコーの権力論を実証的研究として捉えたうえで、そこからは規範や真理の哲学的基盤を導き出すことができないというものである。ハーバーマスの批判では、後者に強調点がおかれている。なぜなら、諸個人の生や価値が還元不可能な多様性として認識されている今日において、ハーバーマスは規範や道徳的真理についての合意を形成するための基礎を構築することが哲学の最重要課題であると認識しているからである。

彼の議論は道徳の規範的正当性を主体の理性的合意に求めようとするものである。その基本原理は、公共空間における実践的ディスコースへの参加とそこでの理想的なコミュニケーションというモデルである。他者に対する理性的な説得を主体が専らおこなうとする「コミュニケーション的行為」によって普遍的正義へと至る公共的合意に近づこうとする彼の態度は、カントの道徳論が有する超越論的性格を経験的な討議の次元に引き戻そうとする試みの一つとして位置付けることができる(18)。ハーバーマスの考えは、主体の合理性と自律性とを確保し、理想的なコミュニケーションの空間を設定することによって、自由な言論がデモクラシーの先行条件として現れるとするところにポイントがある。こうした議論はリベラリズムに基礎を与え得るものとして興味深い。しかし同時に、公共空間におけるダイアローグが、フーコーのいう「権力関係」であることも事実である。それゆえ、コミュニケーションの理想空間は常に支配状況に堕する危険性を秘めている。フーコーは、権力論の次元からハーバーマスの議論を次のように批判する。

権力関係は、そこから解放されなければならないようなそれ自体で悪であるようなものではなく、諸個人が振る舞い、他者の行為を規定しようとする際に用いる戦略としてそれを理解するなら、権力関係のない社会など存在しえないと思う。それゆえ、問題はそれを完全に透きとおったコミュニケーションのユートピアに解消しようとすることではなく、法の諸規則、管理技術、さらには倫理、エートス、自己の実践を自らに与えることである。それらによってこそ、こうした権力のゲームにおいて、最小限の支配によって行為することが可能となるのである。(19)

こうしたハーバーマス批判の裏で、フーコーは、規範や公共性についての自らの立場をどのように明確化するのであろうか。彼の議論では、規範は常に自由の実践との関わりで現れる。それは、他律状態に陥ることなく自己の自由を実践するための自らに対する規則であり、倫理である。したがって、規範は他者の行為を取り締まるためのものではなく、自己を統治するためのルールとして位置付けられ、その規範の根拠は各人の「自由の実践」に求められるのである。それゆえ、他者の支配に対する抵抗の拠点も諸個人が権力関係という戦略的ゲームの中でおこなう自由の実践の内容として現れる。他方で、こうした自由の観念は、公共性との関係においても重要な役割を果たす。

啓蒙とはそれゆえ、単に諸個人が自らの個人的な思考の自由を保証されるようになるという過程ではない。理性の普遍的な使用、自由な使用、公共的使用が互いに重なり合ったときに、啓蒙は存在するのである。(20)

ここでいう「理性の普遍的使用」とは、個人的目的から切り離された理性の使用であり、また「公共的使用」とは、機械（社会）の歯車のような隷従状態から解放された広い視野を持つ個人による理性の使用である。それゆえ、フーコーの解釈によれば、「啓蒙」は自己批判を伴う「自由の実践」、言い換えれば「自己の自由に対する自らの管理」に基礎を持つものといえよう。こうした主張は、コミュニケーションのための条件を設定することでカントの啓蒙を受け継ごうとするハーバーマスの議論よりも一層徹底したものである。なぜなら、フーコーの議論は「公共性」という政治的次元の可能性を諸個人の自由（あるいはそれを可能にする倫理）に位置付けているからである。公共的決定が諸個人の自発性を基礎とする討議のプロセスを持たないなら、個人の自由を守ることもできないだろう。しかし他方で、コミュニケーションによる討議を実効化するには、自己の自由の在り方を含む所与の諸前提に対し批判的な眼を向け続ける「自由の実践」という態度が必然的に要求されることになる。また、私意から切り離された「理性の普遍的使用」が調和的決定を生み出すと考えることは不可能であり危険でもある。フーコーの議論は、「自由の実践」という倫理的次元から政治あるいは公共性の次元を組み立てることで、政治的支配に対する倫理の次元からの抵抗を可能にするのである。

フーコーとハーバーマスの議論は、それぞれが異なった視角を有しているために、完全に嚙み合っているとはいいがたい。法規範など公共的決定・合意によるルールを重視するハーバーマスに対し、それだけでは解決されない問題を明らかにしようとするフーコーの姿勢。両者は互いに補い合うべきものではあるが、それでもなお、再問題化のプロセスを通じて現実への積極的関与を試みるフーコーの態度が今日必要とされているように思われる。

4　アメリカのフーコー
――法と政治についての論争

アメリカにおけるフーコー研究は一九七〇年代から始まったとされるが、法哲学・政治哲学領域での研究も大きな成果を挙げつつある。そのことは、フーコー自身がアメリカでの滞在を好み、その晩年における講演・インタビューの多くがこの国でおこなわれていたこととも無関係ではないだろう。しかし、彼の思想は常に批判を伴うものであった。ローティやカナダの哲学者C・テイラーなどは、それぞれ異なったかたちではあるが、フーコーの思想に多くの批判を投げ掛けている。

ローティの主たる批判は、公的領域と私的領域との間に見られる不整合に向けられたものであった。[21]彼は、フーコーの哲学を個人の自律を絶対的なまでに重視するものとして捉え、政治的帰結としてはアナーキズムへ至ると考えていた。しかし現実には、フーコーの政治的姿勢はリベラリズムのスタンスにとどまったままであり、またこうした個人としての哲学的態度とその政治的姿勢との不整合を架橋する術も提示されていない。したがって、フーコーの見解は個人の政治的行為の正当化根拠を曖昧にしたままであるとされる。

彼の批判は、フーコーの議論が政治哲学としてはナイーヴであるという認識に基づくものであるが、それは逆に、ローティの依拠する政治哲学のナイーヴさを露呈してしまっているとも考えられる。このことは、ローティとフーコーとの比較によって明らかとなる。ローティの立場（ポストモダン・ブルジョワ・リベラリズム[22]と呼ばれる）は、個人の自己創造を至高の目的とするものであり、全ての人々の共約不可能な生活が等しく善きものとして理解される。他方で、彼は、個人相互の軋轢を最小限にとどめ、各人が「安楽さ（comfort）」[23]を確保するには哲学的に基礎付けられた正義に訴えるのではなく、人間が本能的に持っている他者への共感の可能性を養うことが重要であるとする。それゆえ、ローティはロールズ（形而上学的ではなく政治的リベラリズムとしての）に拠って「合意」を基準とし、私的領域の自由を確保するために最小限の消極的倫理のみを認める。こうした立場は、他者との関係を極力回避することで自己の自由を実現しようとする「現代人の自由[24]」へと傾き、他者に対する無関心という帰結を生む。

これに対するフーコーの立場は、常に人間を権力関係の中におき、その関係性から個人の自由を導き出そうとするものである。彼の主張は、ローティのように全てを等しく善とするものでもなければ、全てを悪とするものでもない。彼は「全てが危険である」[25]と述べ、「もし全てが危険であるなら、いつも私たちにはしなければならないことがある」[26]という。つまり、各人は権力関係が支配状態に陥らないよう自己に配慮しなければならないし、支配状態にある個人は、そこから抜け出すための新たな戦略[27]を導出しなければならないのである。

以上の比較からもわかる通り、フーコーは私的領域・公的領域という枠組みに従ってはいないが、個人の自由の実践と政治的行為について自らの権力論に依拠した独創的な議論を組み立てている。これに対し、ローティの政治哲学は、主権的個人による社会契約論から抜け出ていないという意味で、近代的主体に対するフーコーの系譜学的批判をそのまま背負うことになる。もちろん、フーコーの議論が従来の図式に基礎を持たない分、一層複雑なものになっているという批判は否めないだろう。

このような批判の中で、コノリーはフーコーの哲学に独自の解釈を施すことによって、その政治哲学的展開を図ろうとしている。彼によれば、テイラーのような共同体主義にとどまらず、ローティのようなリベラリズムもまた、結局は自らの「文化」の中に安住し、そこへの郷愁から抜け出せないでいるのである。[28]彼らは、調和的社会を希求するだけでなく、それを前提に議論を進めているともいえよう。これに対し、コノリーは「不調和の存在論」という立場から論を展開する。本来性としての理性を備えた人間ならば、調和的秩序の形成について必ず合意に至るとするホッブス以来の近代的モデルは、現実にはフーコーが指摘した通り、主体の同一性をドグマ化する規律権力によって導かれたものである。コノリーは、このようなモデルでは決して現れてくることのない他者、あるいは差異に対して特に注意を払う。それは、ローティのように全てを善きものとして等閑に付してしまうのではなく、変幻自在な生の多様性に配慮し、同一化のルサンチマンに支配された合意形成への力（フーコー的意味でのファシズム）に抵抗することである。

この抵抗は当然、人間の自由と共存という二つの課題が孕む緊張関係を体現するものであるが、彼はそれを「闘技的民主主義（Agonistic Democracy）」の理念として提示する。この理念は、全体よりも個人を道徳的に優先するという点ではリベラリズムと一致しているが、一定の個人像を前提するものではない。また、他者に対して「寛容」であろうとするリベラリズムとは異なり、この理念は他者への「闘技的敬意（Agonistic respect）」を主張する。ローティの議論に象徴されるように「寛容」は他者への無関心に至るが、コノリーは闘技的民主主義において、他者の存在を不可欠のものとして扱っている。なぜなら、一定の個人像が全員の表象として存在しないと考える以上、差異に対する同一性の優位も解体され、多様な生の様態が出現するからである。

こうした諸個人の生は主体としての同一性を持つことは免れないにしても、他者との間に相互依存や闘争という権力関係を共有する。彼の議論は、マイノリティーに対する多数者支配を回避することによって、批判的多元主義の基礎を形成しようとするものである。ここには、人権の主体を様々なかたちで制限しようとする近代的人権論に対する多様性からの批判が自ずから含まれることになる。また、マイノリティーや移民など現実的な問題からの影響も指摘できるだろう。もちろん、彼自身が述べている通り、闘技的民主主義はユートピアの域を出ない非現実的なものにとどまる可能性もある。しかし、フーコーの哲学を法哲学・政治哲学の領域で論ずる場合に、この概念が極めて有益であることは間違いないように思われる。

＊

フーコーの哲学は「知」と「権力」についての歴史的分析から新しい「主体」の形態とその倫理学を導こうとするものであるが、それは倫理的で詩的（ethico-poetic）なかたちにとどまらず、倫理的で政治的（ethico-political）なものである。なぜなら、自己の倫理的構成は自己の自由という個人的問題にとどまらず、権力関係という不可避の社会的構成を通じて、公共性や合意の問題へと向かうからである。それゆえ、フーコーはポスト構造主義が孕む両義性を同時に背負い込んでいるといえよう。すなわち、それは、アメリカのフーコー主義者たちが見い出した「諸個人の自由」とフランスの反ニーチェ主義者たちが示唆した「社会統合の困難」である。しかし、この事実は、彼が両者を妥協させることによって一般理論を組み立てようとはしなかったということをも含意している。理想的調和状態ではなく、現実の社会における自由と共生こそが、今日の法哲学・政治哲学に求められているのだとすれば、フーコーの哲学はその手掛かりを十分に含んでいるといえるだろう。

第五章　権力論と規範の問題

フーコーの問題提起は、これまで自明とされてきた法哲学・政治哲学の諸前提に対する批判を内包している。すなわち、彼は、主権者への授権と臣民への行使という伝統的な図式の下に「権力」を捉えようとする「法的権力モデル」を批判し、日常的なレベルでの戦略ゲームとして際限なく繰り広げられている「権力関係」を自らの哲学の中心に据えたのである。さらに彼は、そうした権力関係が真理や正義の産出とおおいに関わってきたことを指摘し、規範理論の正当化根拠やその思考枠組み自体を再問題化の対象へと導いたのであった。

この結果、多くの法理論家や政治哲学者が彼の権力論に対する批判的検討に取り掛かることとなった。とりわけ、「権力」そのものを非日常的なもの、あるいは自由への不当な侵犯とする前提を当然に受け容れてきた人々からは、権力と規範の正当性との関係やフーコーの規範的立場の混乱などについてほぼ同一の論点が一斉に取り上げられることとなったのである。しかし、ここでの試みは、そうした批判から彼の哲学を擁護したり、そのドグマ的な正当化を企図するものではない。フーコーは、個別的問題に演繹的解決を施す普遍的理論の構築を回避したが、そうしたタイプの思想を明確化するには、同時代の哲学者たちに対する「批判的応答（critical responsiveness）[1]」を続けることで核心部分へのアプローチを繰り返すという戦略の方が得策であるように思われる。

1　権力論と規範の不在

フーコーの権力論に対する批判として最も多く提起されたのが、規範を正当化する根拠の不在と彼の事実上の規範的態度との間の不一致へと向けられたものである。[2]「真理や正義の形成がディスカーシヴな権力の諸関係を通じてなされる」とする系譜学的認識の方法は、彼がニーチェの哲学から受け継いだものであるが、その帰結もまたニーチェの遠近法主義（Perspektivismus）[3]を彷彿とさせる相対主義・主観主義・現実主義の諸傾向を連想させるものであったことは間違いない。それゆえ、フーコーの規範的立場を問い質そうとする批判者たちの真意は、「彼が従来の規範的枠組みを放棄したうえで、新たな規範的枠組みを提示しないのであれば、彼はいかなる規範的判断をもなし得ない」ということを示そうとする点で一致する。ここでは、そうした批判を展開した代表的な論客であるN・フレイザーとハーバーマスの議論を取り上げることから始めたいと思う。[4]

フレイザーは、法的権力モデルの存続要因の一つとして前に提示した「自由と権力の関係性」に関する古典的図式を「リベラルな規範枠組み（liberal normative framework）」として取り出し、フーコーの権力図式と対比させる。「リベラルな規範枠組み」によって、彼女は、主権者の行使する権力から切り離された自由な空間が臣民のために残されていると前提する。つまり、自由と権力とが対立概念として完全に区別されたうえで、ある特定の自由については、権力の侵犯し得ない領域として手付かずのまま維持されねばならないと考えるのである。フレイザーによれば、この自由と権力の境界を画定しているのが、「リベラルな規範（liberal norm）」であり、自由の領域を侵犯した権力はこの規範に従って「受容不可能な権力」（あるいは「不当な権力」）とみなされることになる。[5]

これに対し、フーコーの権力論では、こうした「リベラルな規範枠組み」それ自体が、近代的な規律権力によって配置された支配形態の一部として機能していると解されることになる。つまり、規範を形成する空間自体が、日常的な権力の関係によって設定されたものであることから、権力の受容可能性／受容不可能性を判断する規範の根拠そのものが権力の産物として出現することになるのである。それゆえ、権力から自由な空間を維持するための境界線であった「規範」は、その正当性を自己論駁的に喪失するという結果に陥ってしまう。このような説明を施すことで、フレイザーは、フーコーの権力論が彼自身の規範的立場の基礎付けや規範枠組みの構築を不可能にしてしまっている点を指摘し、対案の不可能性を論証しようと試みている。[6]

このような立場に依拠した場合、フーコーは、自らの詳細な歴史分析において発見する全ての近代的な権力形態について、それが受容可能か否かについての判断を停止せざるを得ないことになるだろう。しかし、その一方で、フーコーが全ての権力現象について中立的な立場を維持し得ていないことは彼の政治的行動への関与からも明らかである。ボート・ピープル救援のためのNGOに積極的に参加したり、監獄情報グループに深くコミットしたことはその一例として挙げられよう。ローティも指摘した通り、たとえ哲学者としての立場と市民としての立場とを使い分けることができたとしても、彼の哲学的・歴史的記述の中に権力への批判や抵抗への意識が既に織り込まれているという事実は回避し得ないように思われる。したがって、フレイザーの結論は、フーコーが規範的枠組みを全面的に権力の問題へと解消しているようにみせかけながらも、他方で、無意識的な装いの下に規範的判断を密輸入しているというものである。これが事実だとすれば、フーコーは、どこからその判断を導き出したのか、そうした規範的判断をどのように正当化しているのかといった点を明らかにせねばならないはずである。そして、少なくとも彼には「なぜ苦闘は従属よりも好ましいのか、なぜ支配に抵抗せねばならないのか」という問いに応えるための規範枠組みを準備する必要がある、とフレイザーは結論する。[7]

同様の批判は、ハーバーマスによっても展開されている。[8] 彼は「隠れ規範主義（Kryptonormativismus）」あるいは「恣意的な党派性（willkurliche Parteilichkeit）」といった言葉でフーコーの規範的立場を形容しているが、[9] その内容はフレイザーの批判と多くの部分で重複している。つまり、ハーバーマスもまた、あらゆる規範への批判的態度が彼自身の規範的主張を自己言及的に否定していると考えるのである。自らを異端者として位置付け、抵抗をエートスとするだけでは、普遍的政治理論としての地位を確保し得ないというのが彼らのフーコーに対する共通の不満として見い出されるだろう。加えて、彼は、このようなフーコーの議論が保守的な制度主義者であるA・ゲーレンと同様、自己利益を追求するために策略を巡らそうとする「戦略的行為」一色に染まる可能性を排除することができないと考える。すなわち、彼の系譜学的分析が規範を正当化する行為の痕跡全てを消し去ろうとする権力論を伴うものである限り、そこに、社会統合のためのメカニズムを期待することはできないとして鋭く批判する。(10)

フーコー自身は、こうした批判について明確な応答をおこなってはいない。フレイザーが要求する対案については、それを提示しないことが「特定領域の知識人」としての在り方だと彼は考えるだろう。(11)しかし、特定領域の歴史家ではなく抵抗を試みる知識人である以上、それがたとえ普遍性への意志を欠いた行為であるとしても、規範に関する問題を完全に避けて通ることは難しい。そこで以下では、フーコーの全体像を視野に入れて、この問題への批判的応答を試みたいと思う。(12)

2　「規範」の概念をめぐって

フレイザーらの権力論批判に対して、J・S・ランソムやR・J・バーンスタインらは「規範

(norm)」についての概念を手掛かりに、この問題へのアプローチを試みている。[13] フレイザー自身は自らの「規範」概念を明らかにしてはいないが、彼らの説明によれば、彼女がフーコーに対して要求している「規範」とは「制度的・対人的コンテクストにおいて擁護・尊重され、表現されねばならない人間の本性を多少なりとも描き出した倫理的ターム[14]」であり、「価値評価に関わる何らかの種類の永続的かつ非歴史的な普遍的基準[15]」を意味するものと考えられる。つまり、フレイザーが要求している「規範」の中身とは、権力による侵害から各人の尊重されるべき人間本性を守るための普遍的価値基準を含意するものであるといえるだろう。

しかし、フーコーの系譜学は、彼女の規範概念が有する二つの本質的特徴を問題化してしまうことになる。第一に、人間の本性として当然認められ、尊重されるべき事柄を予め特定した普遍的規範が、私たちに明確に示され得るかたちで存在しているとはいえないという批判が考えられよう。例えば、今日私たちがそうした規範の一つとして捉えている男女平等原理が、実際には多くの人々の批判的実践と意識変革によって今世紀中葉にもたらされたものであることはあらためて論じるまでもないだろう。こうした事例は、「昨日受け容れられたものが、今日は受け容れられないかもしれない[16]」という規範の不確実性を示すと同時に、規範が、所与として存在する人間の本性や普遍的原理などから容易に導かれるものではなく、人々の現実的な批判と要求を通じて、日常的な実践としての権力関係の中に生み出されてきたことを示しているのである。

第二に、普遍性を前提として語られる「規範」(例えば、ヒューマニズムや自律性原理)は余りに一般化され過ぎているため、正当化や禁止といった規範としての具体的効果を失っているという批判が挙げられる。フーコー自身が述べているように、「私たちがヒューマニズムと呼んでいるものは、マルクス主義者、リベラル、ナチス、カトリックによって使われてきた(17)」ものであるということは驚くに値しないだろう。そうした規範が受け容れられ、受容可能な権力と受容不可能な権力とが区別されたとしても、それは自律性やヒューマニズムといった価値基準の普遍性を正当化するものではない。なぜなら、空虚な規範は普遍性を獲得する以前に価値基準としての地位を維持し得ないからである。これら二つの批判からも、フレイザーが要求するような普遍的価値基準としての「規範」概念をフーコーの思想から引き出すことは不可能であるということがわかるだろう。

それでは、フーコーは「規範」をどのように捉えていたのであろうか。ランソムの言葉を借りれば、「フーコーの世界において、規範は、十分に発達した人格を有する既存の諸個人を権力による侵害から守ってくれはしない。それとは反対に、規範は人間を成型するに際して重要な役割を果たしている権力の道具なのである(18)」ということになろう。フレイザーの規範に対する理解が率直に示しているように、私たちは規範と人間本性との間に直接的な関係性を想定しているが、それは他方で、規範の在り方が個人の生存様式に対して影響を与えるという相互関係の存在を示唆しているのである。フーコーによれば、規律権力は人間の身体とその内面についての知識や技術を発展させることで従順な身体を生み出したとされるが、規範もまた人間存在の本質についての安定した知識と記述を背景とすることで、人間の生存そのものを規定してきたと言うことができるだろう。なぜなら、人間存在の本質に基礎をおくことで規範の普遍性が確保されるという私たちの無意識的前提は、その反対に、人間の生き方や本質そのものを規範によって固定し、定式化するという逆説的な帰結を招くものであったからである。これと同様の問題が権利をめぐる議論についても当てはまる。[19]それゆえ、人間学や社会科学的な知識によって規範や権利の枠組みを構成することは、いかに生活し、いかに自分以外の人間との関係を築いていくかといった私たちの行為実践の範囲を予め制限することを意味している。この時点で「規範」は「規格化する権力（normalizing power）」における「ノルム（norme）」と同じ意味を持つことになるのである。それでは、フーコーは全ての規範をこのような規律作用の影響下に見ていたのであろうか。

ギリシア・ローマ古代についての探究をおこなった後期フーコーの研究は、規範をめぐる新たな思考の潜在性を提起しているといえる。その中で、彼は規範を「真の自己」に結び付けようとするキリスト教の道徳形式を批判し、古代ギリシア人が享受していた「倫理」に焦点を合わせようとしている。[20]フーコーは、「汝自身を知るべし」というデルフォイの掟が自己の欲望の発見とその放棄という文脈で意味を持ち始める地点において、私たちが「自己」よりも外在的な法の尊重へと接近すると考えた。[21]つまり、自己の欲望と普遍的な法とを照らし合わせることで、自らの存在を否定し、法が要求する主体性を自己に埋め込んでいくという地点に、「規範」が「ノルム」へと変容する過程を見るのである。そこで彼は時代を遡り、「汝自身に気を配るべし」というギリシア人の教訓に目を向けることで自己と規範についての新たな関係を構築しようと試みる。この主題は、後に『自己への配慮』として結実することになる。
「自己への配慮」とは、自らを断罪するために自己省察を遂行するのではなく、自己の生を価値有らしめるために自己を凝視し働き掛けていくことに他ならない。それは、市民法や宗教上の義務によって規範を課するのではなく、自己の生存を芸術作品としてつくりあげていく一連の作業として位置付けられる。このような自己に対する自己の関与の仕方は、フーコーによって「倫理」と呼ばれている。[22] 古代ギリシアの倫理は、その外観においてキリスト教道徳と大きな相異を見せないが、その目的については、明らかに異なる実践であった。それは、自制、禁止、禁欲といった一連のキリスト教的テーマを「個人によって営まれる生存についての選択」[23]へと変換するのである。つまり、倫理は自己放棄ではなく、自己の生存をつくりあげるために必要な範囲で自ら導入すべきものとされたのである。

　しかし、フーコーはこのような倫理をフレイザー的な規範概念への対案として提示しているわけではない。彼は確かに、個人的・道徳的な私生活への法システムの介入を批判し、新しい解放運動のための倫理について語っているが[24]、その一方で、この倫理的態度さえも、私たちにとっての普遍的ルールを構成し得ないと釘を刺している。こうした彼の態度は明らかに、既存の秩序や規範のうちに自己を同定するのではなく、それを批判し、新たな生存形態のための倫理的規範を自ら創造していくことの重要性を示しているのである。

　結論として、フーコーは、フレイザーのように規範を普遍性や普遍化可能性の次元で捉えようとする従来の立場を離れて、個別的な生存や既存の規範価値への批判的実践の相の下に独特の規範的態度を練り上げようとしているように思われる。しかし、こうした規範概念の相異は、それ自体として重要な研究ではあるが、フレイザーによる権力論批判への十分な応答をなし得るものとは考えられない。私たちの規範認識に対してフーコーの権力論が有する影響力を理解するには、ランソムとバーンスタインの分析をさらに掘り下げる必要があるだろう。

3　「隠れ規範主義」の倫理学

規範を普遍性ではなく個別性の相において捉えようと試みるフーコーの態度は、規範の理論化についても興味深い展開を見せる。フレイザーを始めとする哲学者の多くは、「一貫した道徳的に責任ある批判は規範理論を必要とする」(25)という前提を当然のこととして受け容れているように思われるが、フーコーの試みは、こうした規範理論とそれを生み出し応用する哲学者との間のつながりさえも問題化しようとするものである。したがって、ここでは規範理論と哲学者との間の関係性という角度から、フーコーと規範の問題について議論を進めたいと思う。

道徳的に責任ある批判を展開するためには規範や規範理論についての一貫した考え方が要求されるという見解は、私たちにとって極めて自然な主張のように思われる。それゆえ、批判的態度を取りつつも明確な理論としての「規範」を提示しようとしないフーコーの姿勢は、哲学者としての責任を回避するものであるとか、理論上の混乱によってもたらされたものであるといった非難を当然の帰結とするように思われる。さらに、こうした態度は、規範理論そのものを本質的に抑圧的なものと捉える「左翼小児病」(26)としてフーコーの規範的立場を位置付けることさえ可能にするだろう。ある特定の規範理論を提示し、それに基づいた批判を展開するのでなければニヒリズムに陥る以外に選択肢はないという立場を前提とすれば、哲学者は常に前者を選択せざるを得ないことになる。したがって、自らの規範的態度を明かすことなく、ある規範的立場を批判したり、特定の立場を取っているように見せながら、その立場を批判するというフーコーの態度は本質的に自己矛盾を免れ得ない「隠れ規範主義」（ハーバーマス）として批判されることになるのである。

確かに、フーコーの議論は、権力という言葉で表現される現象を法的領域や非日常的強制・抑圧に限定せず、私たちの生活全体にまで押し広げるものであったが、その態度は、規範理論や規範的価値に関わるディスコースさえもその範疇とすることで、いかなる聖域も認めない徹底したものであった。それゆえ、規範的な思考や態度の正当性もまた、規範理論そのものによってではなく、権力関係という実践的ゲームの中で確立されると考えられたのである。しかし、これは、規範理論の正当性や影響力が共同体からの圧力や政治的駆引きに左右され易いという悲観的な見解を示すものではなく、既に見た真理のゲームの場合と同様に、歴史に内在する一定の偶然性と人為の作用によって規範の在り方が決定されるということを意味するに過ぎない。したがって、フーコーの立場からは、いかに説得力を有する規範理論でも無意味であるというようなニヒリズムに陥る必要はないが、他方で、規範理論の正当性は、私たちの規範に対する態度や倫理的感覚と無関係ではないという結論を導くことになろう。

哲学者によって生み出された規範理論は、その説得力や時代への応答といった観点から様々な正当性を賦与されるが、それと同時に、解釈や適用・実践が規範理論の重要な部分を占めていることは容易にわかる。「理論を適切に解釈しコンテクストに当てはめる能力を陶冶するのでなければ、理論は使いものにならない[27]」のである。それとは反対に、特定の規範理論への強い忠誠が、その理論の限界やリスクを見えづらくさせるという点にも注意せねばならないだろう。寛容を基礎とする思想から生まれた規範理論が極めて非寛容な現実を生み出してしまうという実践的効果の不確実性は、規範理論の危険性を私たちに十分知らしめてきたともいえる。

多くの哲学者は、規範理論の諸限界を認める一方で、それでもなお道徳規範は理論というかたちで表現されなければならないという前提に立っている[28]。それゆえ、彼らは、規範に関わる議論をおこなう場合には、自らの規範的立場や規範理論を明らかにすべきであるという義務を負うことになる。他方、現状に対する批判を展開しようとする場合には、自らの批判に一貫性と道徳的責任とを賦与するために正当な規範理論を受け容れていることが前提とされる。したがって、哲学者は自らの規範的立場を提示した後は、それを適用・実践することに専念し、自らの規範的立場への批判を怠る傾向が強くなる。

しかし、規範理論とその実践との間のこうした関係は重大な欠陥を孕むものといえよう。なぜなら、哲学者は「正当な規範理論は全てを語る」というユートピアを夢想すると同時に、適用・実践の場面では、自ら受け容れた規範理論の奴隷と化するからである。フーコーの権力論に対する私の理解に従えば、前者は透明なコミュニケーションに、後者は支配状態にそれぞれ対応する現象といえるだろう。この二つの陥穽を回避し、規範理論と実践とを結び付けようとするのがフーコーの試みであった。規範理論がいかに優れたものであっても、その実践的効果は理論に向き合う人間の道徳的・倫理的特性によって左右されるものである。とりわけ、理論が立場についての抽象的な原理に終始している場合には、実践する人々の「徳性（character）」[29]に負う部分が大きいといわれる。

また、正当な規範理論の有する権威は実践の正当性を担保するが、他方で、その正当性と権威ゆえに規範理論は批判を受け付けないという傾向性を有している。つまり、規範理論の実践への依存度を看過し、その独善性を維持し続ける構造が存在しているのである。それゆえ、規範理論の独断を退け、その実践的効果を高めるためには、私たちの道徳的・倫理的感覚を練磨すると同時に、あらゆる規範理論への批判的応答を可能にすることが必要となろう。私たちは、この規範理論と規範的実践とを結ぶための困難な課題を引き受けた哲学者として後期フーコーを位置付けることができる。彼はその晩年において、カント的リベラリズムへの親近性を見せているといわれ、特にカントの同名論文についての彼の論考「啓蒙とは何か」[30]ではカントの啓蒙を評価しているが、それと同時に、これまでの「啓蒙」についての解釈に対する批判も怠ってはいない。彼はカントに向き合うときも、それを受け容れるか拒否するかという脅迫めいた二者択一[31]を退け、その内容・効果・危険性を常に問い続けることで、哲学者のエートスに磨きをかけようとしているのである。言い換えれば、フーコーは規範理論の構築やそれに基づく実践作業よりもむしろ、規範理論とその実践的効果に対する限界の画定を重視することで、哲学者としての倫理的感覚の重要性を優先させていたと考えることもできるだろう。

それゆえ、規範理論に対する彼の態度は、権力関係における自己の振る舞い方と類似しており、服従か死かという二者択一的な発想から切り離された領域に存在するのである。同様に、フーコーが見せたリベラリズムへの譲歩も、ローティのようにリベラリズムを神聖視するものではなかった。規範理論に向き合う哲学者の存在は、この意味でアンビヴァレントなものである。なぜなら、彼は現在の規範理論の影響の下で、現在の規範理論への批判を実践するのでなければ、自らの自由を失うことになるからである。これは、特定の規範理論を踏まえながら、その理論に対する内在的批判を試みるという態度を哲学者に求めることを意味する。したがって、哲学者は規範理論の実践的効果を常に問題化し続けると同時に厳しい自己批判を繰り返すのでなければ、規範理論との間の緊張関係において自らの自由を確保することはできないのである。規範的立場に立つと同時にそれを問題化するというアンビヴァレントな態度こそ、ハーバーマスが「隠れ規範主義」と呼んだものに他ならないが、それは、所与の規範理論に対する個別の批判的応答とそれを通じて培われる倫理的感覚によって構成されたフーコー自身のエートスであったともいえるだろう。一貫性のある規範理論を受け容れたり、つくりあげたりすることが哲学者の責任を果たすものであると考えるフレイザーらとは正反対に、フーコーは、規範理論に対する絶えざる批判とその限界の画定こそが思慮と責任を備えた哲学者の任務であると考えたのである。

4　規範と批判

規範理論に対する彼の考え方は「規範」についての新たな構想の上に成り立つものであるといえるだろう。すなわち、フレイザーやハーバーマスが考えている規範の在り方とフーコーの理解との間には本質的な相違が存在していると考えられる。ここでは、彼らの規範理解についての差異を哲学上の問題として明らかにすることで、規範と批判の存在構造を解明するために有用な視角を提示したいと思う。

フレイザーやハーバーマスだけでなく、フーコーもまた「人間の本性には何らかの実質的な普遍的理性が見い出されると考え、それを鏡のように映し出す理論を展開しようという西欧のプロジェクトを拒否するところから批判的理性は始まる」(32)と考える点では、カントに同意していることは間違いない。しかしながら、この「批判的理性」の意味するところをいかに捉えるかという点で両者の「規範」に対する理解は乖離を見せ始める。特に、フレイザーが自らの批判の根拠に据えるハーバーマスの見解は、フーコーのそれとは対照的でさえあるように思われる。

「未成年状態」という軛から自分自身で抜け出し、他人の指導なしに自ら考える勇気を持てというカントの啓蒙について、ハーバーマスとフーコーは全く異なった解釈を施している。ハーバーマスの理解によれば、啓蒙とは真理を超越的実在に結び付ける独断的理性を拒絶し、迷信や慣習、専制政治に対する批判的理性の勝利を宣言するとともに、この理性の卓越性を保持することを意味する。(33) それゆえ、私たちが成年として「成熟」に至るためには、この超越的実在から切り離された批判的理性によって新たな真理を正当化するための諸条件を探るという作業に従事しなければならないことになる。これに対し、フーコーの解釈は、カントの提示した啓蒙の所説を哲学への普遍的な回答とは考えず、特定の歴史的局面についての診断と捉える。つまり、彼にとっての「成熟」とは、いかなる理論や哲学によっても人々の行動が普遍的な基礎付けを得ることはないというその可能性に敢えて立ち向かい、いかなる権威にも依ることなく自らの理性を用いようとする人々の態度の中にこそ存在するのである。この結果として、フーコーは、理性の正当な使用の限界を見定めるための「批判（critique）」を自らの哲学的態度として重視することになる。(34)

これらカントの啓蒙をめぐる議論のみから、ハーバーマスとフーコーの優劣を決することはできないだろう。ハーバーマスは、超越論的主観性から間主観性への移行を成し遂げることでカント的な基礎付けの手法を回避したが、その代わりに対話によって真理を正当化するための普遍的社会条件を探究することとなった。つまり、コミュニケーションを通じて形成される合意を真理として規定するための社会的諸条件を確定することが批判的理性の役割とされたのである。この社会的諸条件とは、実質的な規範を決定する討議のための形式的な手続き上の規範を意味する。それは例えば、当該規範に利害を持つ全ての当事者が対等の資格で討議に参加するとか、決議された規範は誰の利益をも害することなく全員に受け容れられるものでなければならないといったものである。こうしてハーバーマスは、モノローグではなくダイアローグによって正当な規範を生み出すための討議の普遍的規則を探究するのである。彼は普遍性への意志を対話的合理性によって達成しようとしている点でカントとは手法を異にするが、その基本的な部分では彼の考え方を受け継いでいるといえよう。カントは自然法や宇宙秩序から手を切ったが、その一方で、人間の行動に普遍的規範を与えるような人間の有限性の構造の探究へと向かい、多様性への可能性を閉ざしたのであった。[35] ハーバーマスも同様に、人々の生き方に多様性を認めようとするが、討議の形式については普遍的規則を確立しようと試みている。しかし、彼の試みが、考え方を全く異にする他者の存在を無視するものであるとか、非西欧文明の排除をもくろむものであるとする批判は正鵠を射るものとはいえない。なぜなら、それは、在り得べき全ての生き方に公共性への架け橋を提供するための挑戦として位置付けられているからである。

対話的合理性を実現するための環境整備やそれを可能にするための普遍的諸条件を導き出そうとする討議倫理の試みは、それでもなお深刻な問題に直面せざるを得ないだろう。ハーバーマスは、フーコーを「排除」の哲学者として捉えており、『監獄の誕生』以後の権力論について十分な理解を示していない。[36] それゆえ、彼は、排除された他者を討議に取り込み、その帰結の普遍性を確保するための条件を探究することで、フーコーを乗り越えようとしているのである。しかし、ハーバーマスの議論は、普遍性を確保するために他者を取り込むのであって、他者の声に積極的に耳を傾けようとするものではない。フェミニズムに対する彼の態度は、このことを雄弁に物語っているといえるだろう。彼は、市民的公共性に家父長制的構造が存在することを認めた後、排除された他者としてのフェミニズム運動がそれでもなお市民的公共性の普遍主義的な言説に訴えることで、市民的公共性への内在的批判を試みたと考える。(37)しかし、フェミニズムの主張は、普遍的な市民的公共性を形成するための一過程として弁証法的に捉えられるべきものであろうか。むしろ、その主張は、市民的公共性の普遍主義的言説に内在した家父長制的構造への徹底した批判であり、このようなタイプの普遍性に対する極めて強い抵抗であったように思われる。

フーコーの権力論は、こうしたハーバーマスの難点を浮き彫りにするものである。彼は、ハーバーマスのように、フェミニズムを普遍的な市民的公共性を実現するための闘争とは考えず、「当面の敵」への個別的でローカルな闘争と捉える。(38)言い換えれば、フェミニズムは、社会の最終的なテロスを目指した普遍性への運動ではなく、男性による支配から女性を解放し、普遍性の名の下に温存された市民的公共性の家父長制的構造をあらためることで自らの批判と抵抗の可能性を実現するための闘争であった。フェミニズムを始めとする昨今のこうした社会運動は日常から離れた討議実践に基礎を持つものではなく、極めて日常的な問題についての支配と権力関係に関わるものである。ハーバーマスは、これらの抵抗や批判が提起した問題を全て止揚し、普遍的規範に対する個別的抵抗を再び普遍性へと取り込むことで、彼が批判した悪しきヘーゲル主義へと自ら傾いていくようにさえ見える。

このように、討議倫理学は普遍的価値によって根拠付けられていない個別的闘争を過小評価する傾向性を有する。それは、フレイザーやハーバーマスが批判よりも前に普遍的規範（理論）の定立を求めることと無関係ではないだろう。批判的理性を使用するには、この理性に権威を賦与するための普遍性を形成する諸条件が必要とされるのである。しかし二〇世紀の歴史は、フェミニズムや環境問題がそうであったように、批判や抵抗の個別的な試みが人々の認識を変化させることで実現されてきたことを示している。つまり、批判は普遍的規範を明示的な根拠とすることなく、規範としての新たな効果を生み出すと同時に、その効果を獲得し得るのである。このことは討議のための普遍的規則を探究する試みが無意味であるということではない。むしろ重要なことは、「批判」というかたちで提起された新しい考え方が他の競合する諸規範とは違った角度から危機を明るみに出し、問題を提起すると同時に既存の規範の在り方に変化を及ぼすということである。それは、今日の規範が有する限界を再構成することに他ならない。

批判的理性の卓越性を維持するために普遍的規範を求めるか、それとも、非歴史的基礎付けを放棄して現在への批判を提起し続けるかという「啓蒙」への二つの態度は、規範の在り方に調和を求めるか否かという点で相違を表面化させる。すなわち、ハーバーマスによる前者の解釈は、討議における当事者の公共的な理性の使用によって常に普遍的な規範が調和的に生み出されることを念頭においている。個々の規範の主たる役割が規範の普遍的秩序を再生産することであるとするならば、規範の在り方そのものも秩序と調和を賦与されていなければならないのである。他方、フーコーによる後者の解釈は、理性の自由な使用によって規範への永続的な批判を可能とすることに重点がおかれている。したがって、規範は常に批判にさらされ、無意識の予定調和から切り離された不調和な状態に保たれることになるだろう。これは、批判による規範の再問題化作業を含むと同時に、新たな規範の在り方を創出する試みでもある。すなわち、現在の思考から出発して既存の規範を批判することは、それが普遍的規範を志向するものでなくても、規範の再問題化と在り得べき別の規範の創造という効果を有するのである。

一八世紀の市民革命にさかのぼるまでもなく、労働運動やフェミニズム運動を始めとする多くの社会的闘争は、理念として普遍的な価値を掲げた規範創出の運動でありながら、現実には個別的な対立や闘争を起点としていたことは事実である。こうした闘争によって生み出された諸規範が有する普遍性への意志は、創出された規範秩序を再生産するために機能しているものであって、その当初から闘争の規範に埋め込まれていたものとはいえない。規範を産み出す個々別々の闘争が、後に普遍的規範として階層秩序化されたとき、闘争を支えたエネルギーは、他者の批判を排除し、自らの規範を再生産する「真理への意志」に組み込まれていくのである。フーコーが分析の対象とした規律権力は、規範の秩序維持及び再生産の機能に相当するものであり、(39) 彼の課題は、この機能に対する批判と新たな規範の在り方を私たちが提起できるようにすることであった。これに対し、規範が創出される時点において、その普遍性を確保するための諸条件を探究するハーバーマスの議論は、理想的ではあるが現実的ではない。それどころか、普遍性への還元主義的傾向が批判や抵抗を不可能にする支配状態へと陥り易いことは、フーコーが透明なコミュニケーションについての議論によって明らかにした通りである。

結論として、批判的理性は特定の時代を診断し、現在の状況を現在の思考によって批判するために限定的に用いられるべきものである。しかしながら、このような態度は、あらゆる規範の不在を要求するようなアナーキズムの態度ではない。規範が有する生産的機能を理解し、絶えず規範への個別的な批判を繰り返すことが重要である。こうした批判によって提起された多くの個別的規範から構成される規範の不調和な存在論は、他者の声が響き合うアゴニスティックな議論の場となるであろう(40)。そして、このような場においてこそ、私たちの普遍性や公共性への感覚は最も鋭敏なものとなるように思われる。

フーコーが主張するように、「理性の普遍的な使用と、自由な使用、そして公的な使用とが重なり合ったときに啓蒙が存在するのである(41)」とすれば、それは規範についての多種多様な批判と抵抗が噴出する調和なき権力関係の場以外には考えられないだろう。それゆえ、フレイザーらが規範を批判の根拠として重視したのとは逆に、私たちは、規範を生み出すためのポジティヴな行為実践として「批判」を重視しなければならないのである。

5　「批判」としての政治哲学

フーコー批判の準拠点としてフレイザーが提示した「リベラルな規範枠組み」は、多くの政治哲学者によって共有されている権力認識の一般的な基盤である。しかし、今日の政治哲学は、そうした認識基盤を無批判に前提することで生じる様々な問題に鈍感ではない。これまでの検討によって明らかとなったフーコーの規範概念もまた、そうした政治哲学の基礎構造そのものに批判の矛先を向けることとなる。政治哲学における「批判」の位置を確定するためにも、彼の政治哲学批判を再検討することが求められる。

受容可能な権力と受容不可能な権力とを区別し、後者を抑止・制限することで人々の自由な空間を確保するというリベラルな規範枠組みは、政治哲学の在り方、すなわち、政治哲学の産出する言説を規定している。この枠組みの影響下において、政治哲学は「政治権力が行使されるべき正しい方法あるいはその諸方法を正当化し、誤った方法を同定することに関わっている[42]」と定義されることになる。言い換えれば、政治哲学は政治的秩序の正しい在り方を示し、それを正当化することで成立しているのである。こうした正当化作業の大部分は、直観主義的な認識や一般的な道徳規範、人間本性、合理的知識、伝統などを基礎とし、それらに訴え掛けるという手法を取っておこなわれている。法哲学や政治哲学は、これらの正当化根拠を正当化すべき社会秩序のメタ・レベルに措定し、それらを拠点として正当化を試みるのである。このような手法は、方法論的には「基礎付け主義」と呼ばれている。政治哲学における「基礎付け主義」は、一般に「社会や政治から切り離された外部」に「確固たる（否定し得ない）正当化根拠」を求め、この根拠への基礎付けをおこなうことで正当化を図ろうとする[43]。

基礎付け主義への一般的な批判は「否定し得ない確固たる正当化根拠」の不在に向けられたものであることが多い。特定の政治権力を受け容れるべきか否かという判断の枠組みとなるリベラルな規範は、その正当化根拠として、人々の自然権や合理的選択、効用の改善などを主張するが、この批判によれば、そうした根拠が何人も否定し得ない普遍的なもので在り得るか否かが問題として提起されることになろう。しかし、規範に関するフーコーの議論において重要なのは、基礎付け主義が「社会や政治から切り離された外部」に正当化根拠を求めようとした点である。J・シモンズが指摘するように「政治的秩序を正当化していると主張する全ての政治理論は、判断するシステムに外在的なものとして自らを描き出さねばならない[44]」と考えられてきた。つまり、政治的秩序を正当化するためには、政治に外在的な基盤を軸に議論を展開せねばならないのである。同様に、権力を正当化しようとするなら、権力に外在的な言説に依拠して権力を論ずる必要があるとされる。フレイザーの提起した枠組みに従えば、政治権力についての議論は、政治権力から自由な空間においてのみ導かれるという結論になるだろう。このように、政治哲学は基礎付け主義という方法論を取る限りにおいて、政治に外在的な地点に立脚するよう求められたのである。

このような「政治外在性」の原理は、フーコーの哲学が最も強く批判してきた考え方の一つである。系譜学的手法によって、彼は権力や政治から切り離されていたはずの「真理や知の領域[45]」にまでこれらの影を読み取り、その一方で、政治哲学が正当化の根拠としてきた「人間」という観念にもメスを入れた[46]。つまり、「人間的」であるとか「人間らしい」といった正当化の言説が、その意味形成の場面において、社会的領野における権力関係の作用と深く関わっていることを明らかにしたのである。それゆえ、「人間」という概念は、基礎付け主義が求める「政治外的」な基盤でもなければ、権力に中立的な正当化根拠でもない。同様の議論は、法哲学や政治哲学が正当化根拠として提示する他の規範的概念についても当てはまるが、それと同時に、これらの学問領域自体の位置付けについても議論を喚起する。リベラルな規範枠組みに従えば、権利や人権といった観念によって主張を正当化しようとする政治哲学は、その観念を権力関係から自由な空間に予め設定し、自らの立場をそうした観念に依拠する「中立的な裁定者(neutral arbiter)[47]」として提示する。それゆえ、彼らは、権力を行使する根拠としての正当な権利が存するか否か、権力を制限するための十分な理由としての人権を市民が有するか否かといった判断をおこない、当事者間の関係から切り離された場所での判定作業に従事するのである。

政治哲学が自らを位置付ける際のこうした手法は、フーコーによれば、君主制の時代と同様の構造を内在させている。すなわち、主権者としての君主は「裁定者として、戦争や暴力、略奪を終結させ、これらの闘争や私的な争いに否ということのできる権力として自らを提示した[48]」が、今日の政治哲学もまた裁定者としての地位に安住しているのである。「私たちは国王の首を落とさねばならない。政治理論において、それはいまだになされねばならない(49)」というフーコーの言葉は、こうした問題提起を意図したものといえるだろう。

このような政治哲学の「政治外在性」に対し、フーコーは一七世紀のイギリスを中心に展開されたクックら(50)の議論に言及することで、政治哲学の「政治内在」的議論を構成しようと試みる。クックやリルバーンを始めとする革命期の政治思想は、規範や権利を普遍的な真理とは捉えず、彼ら自身もそれらに中立的な第三者としての地位を放棄する。こうした政治哲学的態度は、フーコーによって、「歴史的—政治的」な態度として規定されている。彼らは、法によって表明されている普遍的規範や一般的権利を敵側の策略として理解し、常に既存の政治的価値に対する批判的戦略という視点を貫こうとした。このような姿勢は、一九世紀の階級や人種をめぐる闘争にも見ることができよう(51)。しかし、フーコーは血で血を洗う戦いを率先しておこなおうとする戦争論的な政治哲学を復活させようとしてはいない。フーコーを批判する論者の中には、彼のクラウゼヴィッツへの言及(52)を引き合いに出し、彼の権力論を現実の戦争論として再構成しようとする試みも見られるが(53)、そうした批判は彼の政治哲学的意図を見失う結果となるだろう。

彼の権力論は、政治を戦争として構成するのではなく、政治哲学の内在的批判を現実化することに重点をおくものである。この意味で、政治哲学者は、全ての権力関係から自由な空間に位置する「中立的な裁定者」の地位にとどまるべきではない。それゆえ、政治権力から自由な空間を想定するフレイザーのような政治哲学者を権力関係の渦中に再定位することがフーコーの課題となるだろう。彼らは、人々の権力関係から自由な普遍的知識の供給源としてではなく、個別的な問題を提起し、批判を繰り返すことによって内側から権力の限界を画定する知識人として存在しなければならないのである。

このような「限界付けの態度（attitude limite）」[54]について、フーコーはカントに言及しながら明らかにしている。すなわち、カントの問題提起が「認識を超えることを諦めるべき限界とはどのようなものなのか」[55]を知ることにあったとすれば、フーコーの問いは「普遍的、必然的、義務的な所与として与えられているものの間で、単独で、偶然的、そして、ある種の恣意性に委ねられているものの占める部分とはどのようなものなのか」[56]というものであった。カントの「批判」が、必然的な制限というかたちで限界を画定しようとするのに対し、フーコーの「批判」は、こうした限界の恣意性を系譜学的探究によって明確化し、乗り越え可能な領域を見出す「実践的批判（critique pratique）」[57]として構成されている。つまり、超越的な限界の画定から離れ、自らの行為実践によって限界を内在的に画定していくのである。

したがって、フーコーの政治哲学は、リベラリズムの外部にあってリベラリズムを全面的に否定しようとする企てではない[58]。彼は、全ての政治体制から切り離された地点で最良の政治体制を吟味し正当化するというフレイザー的な「外在性の政治哲学」を拒絶し、その不可能性をさえ明らかにしたのであった。フーコーは、今日のリベラリズムの内側にあって、その限界を洗い直し、系譜学的手法によって、その恣意的な限界を乗り越えるために批判を用いたといってもよいだろう。この意味で、彼は明らかに基礎付け主義的な手法を捨て、政治哲学を「実践的批判」によって再構成したのである。

今日の政治思想が前提としている人権や権利は、様々な規範の基盤として機能しているが、それと同時に、権力作用への限界としても機能している。そうした法的構成に対する彼の批判は、新たな権力形態を提示することによって人権という概念の恣意性に限界を画すると同時に、新たな規範の基盤を内在的に創出する行為であったともいえるだろう。それは、人権についての系譜学的批判を試みることによって、今日の体制では守られ得ない人々を敢えて守ろうとするような態度である。フーコーは人権を全否定するのではなく、その諸限界をつくり変えようとしたのであるから、彼の実践的批判は同時に政治的実践としての意味を有するものであった。このようなかたちで構成されたフーコーの政治哲学は、その性質上、新たな社会構想についてはほとんど言及しない。そのため、一定の規範に基づいた正当化よりも規範への内在的批判を重視する彼の議論は、政治哲学者の要求を十全に満たすものではないだろう。そうした政治哲学者の中には、彼の哲学を「ネガティヴ・ユートピア」(59)として位置付けようとするものも見られる。彼らは、フーコーの内在的限界画定作業が法秩序に直接的な変化を与え得ないと考え、さらに積極的な社会変革のプログラムを要求するのである。

しかしながら、こうした論者の多くは、フーコーの「批判」概念を誤解し、その積極的な性質や

「規範」との関わり合いを看過している。今日の規範に付された限界の恣意性を系譜学的に調査し、その可能な乗り越えによって新たな限界を画定しようとする試みは、新たな規範の創出として捉えられるべきものである。それは、出口のない近代社会を敢えて引き受け、実験的な態度で社会規範を変革しようとする試みであるといってもよい。法哲学者や政治哲学者が求める「出口＝ユートピア」へのプロセスは閉ざされているということを私たちは十分に認識せねばならない(60)。

＊

以上の議論から、政治哲学におけるフーコーの重要性が理解されるであろう。彼の所説は、人権や権利といった規範を政治外の普遍性として前提することで政治的言説への批判を提起するタイプの政治哲学とは異なり、そうした規範を政治内に引き戻し、内部からの限界画定をおこなうものである。それは、政治哲学における議論を単なる権利の当てはめ作業に押し込めず、批判による規範の創出や新たな限界の画定といった創造的展開へと私たちを導くのである。

第六章　民主主義と権力関係
――自由の相互依存性と対立のエートス

近代民主主義は被治者の合意によって統治に理論的正当性を賦与する制度でありながら、その歴史は多くの対立と闘争によって埋め尽くされている。黎明期には、支配層に対する民衆の戦いが繰り返され、その後も、男性に対する女性の戦い、白人に対する黒人の戦いなど市民革命以後二世紀にわたる不断の闘争が民主主義の歴史全体を蔽っている。

今日欧米を中心とする先進国の民主主義は、全ての国民の参加と合意を基礎とするものである。しかし、この理念はあらゆる対立や闘争を解消することにいまだ成功してはいない。それどころか多くの場合、民主主義は多数者と少数者の対立を内包したまま、前者による後者の支配を制度化しているのである。それゆえ、民主主義における権力の問題は、近代以降の法・政治哲学者がおこなってきた政治権力の正当性についての論証ではなく、民主主義に内在する権力関係と支配の分析に焦点をおくべきである。しかし、これは政局における権力闘争や権力分布の解明とは異なり、権力の所在や所有者をいい当てることではない。民主主義に参加する人々の行為を決定し、彼らの意思を形成する社会的相互作用のメカニズムを明確化することこそが要求されているのである。

フーコーの権力論は、こうした民主主義メカニズムの分析を視野に入れたものといえるだろう。彼の権力論は、個人の合理的意思決定や共同体の相互主観性から調和的帰結を導き出そうとする個人主義や共同体主義とは異なり、自己とは全く異なる価値と経験の基盤を有する「他者」の存在を前提としている。近代民主制国家における少数者（例えば、女性や身体障害者、人種・民族・文化的マイノリティーなど）の位置が、こうした「他者」によって占められていることを考慮すれば、彼の権力論は分析と検討のための有益な道具として機能するはずである。

多数者は、真理や合理性、正常性に関する言説に言及することで少数者への規律的圧力を強化するが、それは外的強制よりもむしろ日常生活への内的圧力によって実現される。それゆえ、調和的な政治決定を前提とする民主主義の理念は、このような規律権力システムに加担しているとさえいうことができる。これに対し、リベラリズムは少数者や他者への「寛容」によって共存の可能性を模索しているが、それは他者への無関心を払拭するものではなく、他者存在の必然性や必要性を積極的に認めようとするものでもない。他方、他者の存在に積極的な意味を与えるフーコーの権力論は調和ではなく不調和を社会関係の存在論的基礎に据える。それゆえ、他者が有する差異を同一性へと還元するための規律に依ることなく、多数者と少数者の双方に存在意義を認めることができる。

こうした理念を基調としながら、新たな民主主義像を構築することが本章の課題である。

1　権力関係と自由

伝統的な意味での「自由」という概念は、抑圧や支配、搾取、強制などの不在を意味するものであった。それゆえ、この概念は自らの行く手を阻む全ての外的障害を除去すること及び自己の主体性を発揮するための自己決定権を完全に掌握することの二つを含意している。この概念に従えば、人間は対立する他者が不在の場合や自己の欲望を満たすための社会条件が十分に整備されている場合に自由を享受することになるだろう。しかし、フーコーの自由論は、このような伝統的自由観とは正反対の特徴を有する。すなわち、彼の「自由」は、対抗する諸力との関係における行動・実践の可能性として位置付けられる。[1] つまり、自己とは異なる認識や価値の基盤に立つ他者を前提し、彼らとの相互関係における批判や応答の可能性をもって「自由」を定義するのである。

　伝統的な自由の概念が、外的圧力を一切排除することで主体的な自己実現のための理想空間を形成しようと試みるのに対し、フーコーの自由論は、自由を他者との現実的な関係の中に見い出そうとする。既に述べた通り、前者は「静態的自由」、後者は「動態的自由」である。[2] 動態的自由の概念は、各人が自己の意思や欲求を完全に実現することは不可能であるという社会の現実的状況を反映しているが、その一方で、自己の意思や欲求が他者との関係なしには生み出され得ないという自由の相互依存性を示すものでもある。知的営みに限らず、考えを異にする他者との間の競争や批判、応答の繰り返しが各々の自由を自覚させ、その内容に豊かさを与え続けてきたことは否定できない事実であろう。

フーコーの権力論はこの動態的自由を基礎としている。彼によれば、「権力」は商品や富のように所有や譲渡の対象として存在するものでは有り得ず、常に「権力関係」として構成される(3)。しかし、権力関係は人と人との間の上下関係に還元されるような原始的意味での関係ではなく、自分以外の人間の意識や行動に作用し、働きかける一連の相互的関係の全体を示すものである。自己の行為が他者の行為に作用を及ぼすという意味での権力関係において、人々は相互関係のネットワーク上に存するが、各人が各人の属性として保持する権力の影響下にあるわけではない。人々の行為は常に「いくつかの行動様式や反応、多様な行動がそこで実現されるような諸可能性の領野(4)」に開かれており、それは相手の戦略との関係において変化を遂げる可能性を孕んでいる。それゆえ、各人は理想空間における無風状態（静態的自由）にはないが、相互に働きかけ応答する可能性（動態的自由）を有することが権力関係を成立させる条件となる。

権力関係は、動態的自由を有する人々の間で日常的に繰り返される諸実践であるといえるだろう。しかし、日常的実践は単純に平穏な生活を意味するものではない。権力関係は、非日常的な強制権行使の場面を特に想定するものではないが、個々人の間のミクロな闘争や衝突、関係の逆転などがその内容を構成する。それゆえ逆説的だが、自らの思い通りにならない日々のもどかしさも自由の重要な一部分を構成しているのである。それと同時に、沈黙や静寂も特定の場面では権力関係として作用する。したがって、権力関係とは、次の瞬間の行為について多様な選択可能性を有する諸個人の間の相互関係である。この関係は様々な対立や妨害を生み出す可能性を秘めているがゆえに、静態的自由を実現することはないが、各人の批判や抵抗の可能性を存続させることで関係の固定化を回避する。それゆえ、権力関係は人々の自由を前提し、その自由とともに実現されるのである。(5)

さらに、フーコーは「権力関係」と「支配」という言葉を厳密に区別している。(6)権力関係において、人々は対抗する諸力との関係における行動・実践の可能性を有するが、支配状態ではこの可能性が失われ、関係は非対称的な状態で固着化する。つまり、「支配」とは主人と奴隷の関係に象徴されるような完全な服従関係を意味している。この関係では、一方が他方を制圧しているため、制圧者の側には静態的自由が実現している。しかし他方で、支配者は被支配者側の自由な行為を不可能にすることで、動態的自由を喪失してしまっているのである。(7)これに対し、権力関係を一切捨象した状態は「透明なコミュニケーション」として「支配」と正反対の側に位置付けられる。これは、各人が闘争や対立、抵抗、批判などを経験せずに行動することのできる理想空間であるといってよいだろう。この空間は、個々人の行動が十分に規律され、彼らの合理的意思決定と公共性についての判断とが社会全体としての調和を実現した瞬間に現れる。多くの哲学者・法学者は、自らの理論の究極としてこの空間を夢想してきた。政治権力の正当性を基礎付けようとする社会契約論は、諸個人の判断が全体によって共有される透明な空間を前提としている。個人的自由と公共性とを無理なく結び付けようとする啓蒙の哲学は、こうした前提に立って、社会規範への全員の自発的合意を取り付けるのである。

このような理解の図式において、フーコーは「支配」と「透明なコミュニケーション」という二つの極値的危機の間でいかにバランスの取れた議論の場を設定するかという問題に直面する。彼の著作群そのものが、これらの危機に対する警告としての意味を持つが、ここではより積極的に、実現されるべき議論の方向性を明確化する。対抗する諸力の殲滅戦から生じる「支配状態」を回避し、合意形成のために他者を一掃する不可視の規律を拒絶すべく、フーコーは「闘技性（Agonism）」という概念を提示する。この概念は、相手を全滅させることを戦略上の目的とする「対立（Antagonism）」とは区別される。闘技性は各人の動態的自由を重視する権力関係を基礎とし、相互に闘争や衝突を繰り返す一方で、自らの自由を実現させるために他者存在を不可欠と考える人々の態度である。それゆえ、「相互に鼓舞激励し合うと同時に、闘争し合う関係[8]」と言い換えることができるだろう。

政治が「闘技性」の場として構成されるということはいかなる意味を持つのだろうか。この問いは本章の中心的な課題であるが、ここでは結論を先取りして、そのアウトラインを提示することにしたい。他者の存在を不可欠とする闘技性は二つの帰結をもたらす。第一に、これは政治における永遠の闘争と対立を意味するものであり、合意形成は極めて困難な作業となる。第二に、他者との積極的関わり合いが自己の自由と重なり合うことで、他者への支配や無関心という極端な政治的帰結は回避されることになる。これらの議論を基に、以下では民主主義と権力関係の問題について具体的に論ずる。

2　民主主義における「合意」と「対立」

民主主義を正当化するための基本理念は「合意による統治」であるといわれる。今日の一般的な理解に従えば、人が人を支配する統治の正当性は被支配者の自発的合意によってのみ導かれる。それゆえ、人々の合意を基礎とすることで、民主主義は「治者と被治者の自同性」を実現し、社会的対立を解決する正当な統治権力を成立させることが可能となるのである。しかし、「合意による統治」が理念として成功しているとしても、民主主義の現実はこの理念を裏切っている。誰もが知るように、民主主義は「多数者による少数者支配の制度化」以上のものでは有り得ない。これは、民主主義の正当性について合意が成立しているとしても、合意の成立は民主主義によって保証されていないことに帰因している。「合意による統治」が民主主義の現実的な正当化根拠になり得ないとしたら、私たちは、民主主義の正当性をどこに求めるべきであろうか。これについてはいくつかの代案が準備されているが、その中でも井上達夫は「社会の対立諸力の解放[9]」に民主主義の正当性を求める。この正当化理由は、民主主義の採用によって「非民主的体制の下では抑圧隠蔽されていた多様な利益や価値の活発な自己主張を許し、社会的対立を顕在化させ、奨励する[10]」というものである。東南アジアの軍事政権下で拡大を続ける民主化運動はこの正当化根拠の源泉として位置付けられよう。もちろん、民主主義が既に成立している国家についても、この正当化根拠は妥当する。なぜなら「合意による統治」を民主主義の基本理念とする多くの先進国では、多数者による専制や合意形成の自己目的化によって、多様な社会的諸力の対立や競争が封じ込められているからである。対立調整のための交渉・妥協以前に、社会的対立の解放こそが民主主義の重要な機能であることを忘れてはなるまい。また、この正当化根拠は、合意による統治の理念とも無関係ではない。合意による統治は、統治の正当性を合意に求めるという積極的な主張を持つ反面、圧制に対しては「拒否権（veto）」を行使し得るという消極的主張を保持している。したがって「対立諸力の解放」という民主主義の正当化根拠は合意による統治の裏面から導かれることになるのである。

「対立諸力の解放」に正当化根拠を求めた場合、解放された社会的諸力の対立は、その後、いかなる展開を見せるのであろうか。被治者の合意を統治の正当化根拠とする理念に固執した場合、諸勢力は合意形成を求めて歩み寄りを見せる。他方、多数派による専制や合意形成を自己目的化する合意の専制を逃れて、解放された諸力の競争に活路を見い出そうとする人々は、対立関係を維持しながら民主主義の舞台で競い続けることを選択するであろう。ここでは便宜的に前者を「合意を基礎とする民主主義」、後者を「対立を基礎とする民主主義」と呼び、それぞれに理念型としての位置付けを与える。現実の民主政治は両モデルの組み合わせや使い分けから成っていると考えられるが、以下では議論を容易にするため、これら二つのモデルに絞って述べたい。

民主的統治の正当化根拠として国民の合意を重視する人々は、最大限の合意を得られるよう政治的決定内容が十分に民意を反映することを望むであろう。それゆえ、合意を基礎とする民主主義にとっては、より多くの国民の意見を取り込み、利益の調整と価値対立の和解・解消によって合意を形成することが重要な課題となる。合意を基礎とする民主主義は、対抗する諸力が討議を通じて合意に至るという理論構造を有する点で理想主義的なものである。しかしながら、このタイプの民主主義によって達成される合意は、民意の最大公約数を内容とするにとどまるだろう。なぜなら、比例代表制や大選挙区制によって多様な民意を吸収した結果、多数派を組織するためには対立する論点を棚上げにして相互協力関係の構築を優先せざるを得ないからである。それゆえ、諸力は対立を先鋭化させる価値の相異には踏み込まず、政治過程は利益の調整を専らとすることとなる。言い換えれば、社会的諸力の価値対立に抵触しない範囲の重なり合いとして構成された利益調整が、合意によって得られた公共的決定としての地位を占めるのである。この意味で、合意を基礎とする民主主義は「合意への圧力」によって動かされているといえよう。それゆえ、公共的価値についての討議は回避され、相異なる政治的価値基盤を有する人々の主張には互いに耳を傾けないという状況に陥る。これでは、多様な民意を反映させるために様々な代表を集めたとしても、多数派に批判的な政治的価値や政策を提言する人々の存在は無視されることになり、彼らが参加した意義は失われることになろう。

しかし他方で、政治的価値について多数派に追従する少数者利益集団は合意形成の場面で大きな位置を占める。彼らは価値を共有する多数派の中にあって、利益調整に積極的に関与することができる。具体的には、自らの選出母体に不利な利益調整に対し拒否権を発動することで、政治的決定を骨抜きにしてしまうのである。この問題は、わが国の民主主義についても当てはまるだろう。[11]

合意を基礎とする民主主義は、対立する人々が議論を深めることで「透明なコミュニケーション」へと近づき、公共的価値の対立を雲散霧消させるという理想主義的な発想に支えられている。しかし、このタイプの民主主義は、結論として、多くの国民に参加の機会を与える一方で、合意形成への圧力を強めることにより価値対立を顕在化させる少数者を排除し、他方、既得権益を有する少数者に拒否権を与えることで合意内容を形骸化させるという難点を持つことになる。

それでは、対立を基礎とする民主主義は、社会の対立諸力の解放以後、いかなる展開を見せるのであろうか。このタイプの民主主義は、合意形成を自己目的化することなく、諸勢力が対立や競争を続けることで、最良の政策や公共的価値をつくりあげていくという点に特徴を持つ。多数決原理を採用する民主主義の場合、社会的諸力の対立が永遠の闘争と化することはない。諸勢力の対立成果を実効化するためには、国民の最大多数の支持を得た勢力が単独で政権を担当することが望ましいといえよう。さらにいえば、一党独裁への危機を回避するために、政権担当外勢力が政権担当勢力に拮抗している状態が理想と考えられる。したがって、対立を基礎とする民主主義は、アメリカやイギリスなどが採る二大政党制とそれを実現する小選挙区制を想定することになるだろう。

合意を基礎とする民主主義とは異なり、二大政党制では両党が単独で政権を担当するため、合意形成のための論点の棚上げはなされない。さらに、比較第一党の腐敗や失政に対する強い批判が第二党によってなされるため、政権交代が促進され既得権益も流動化する。これらのメリットは、一般に二大政党間の対立という図式によってもたらされるものと考えられている。しかし、対立を基礎とする民主主義の難点は、この対立とは異なる次元の対立を起源として提起されることになる。二大政党制の場合、大半の国民が共有する政治上の論点については十分な吟味がなされるが、他方で、世論において少数者の位置を占める人々は拒否権行使の機会さえ失うことになる。具体的には、フェミニストや少数民族、外国人、同性愛者などが挙げられよう。

このタイプの民主主義を最も効率的に実現する二大政党制は、前述の難点について二つの問題に対処せねばならない。第一の問題は、二大政党による公共的価値の追求が彼／彼女たち少数者の基本的人権を侵害する危険性を秘めているという点である。そして、第二の問題は、少数者の意見を国政に反映させる機会が失われ、彼／彼女たちが公共的価値追求の場から排除される可能性があるという点である。最初の問題点は、合意を基礎とする民主主義についても当てはまるものであるが、この難点は司法権の強化によって克服される公算が高い。特に、違憲審査を積極的におこなう司法積極主義は政治過程から排除された少数者の保護には大きな効果を発揮するだろう。他方、第二の問題点を司法過程で解決する手段としては、立法不作為の違憲審査(12)やいわゆる立法義務づけ訴訟などが考えられる。しかし、これらの手段（特に後者）は、司法権による立法行為に等しい結果を招くものであり、少数者と多数者の立場を逆転させることで解決を図る試みに過ぎない。それゆえ、

少数者の価値を反映させるための対処方法としては適切とはいえないだろう。(13)

以上で提起された二つの民主主義モデルは、それぞれが長所と短所とを併有している。ここではそれらを逐一繰り返さないが、両モデルが共有している問題点は明らかに、多数者による少数者の支配・排除にある。合意を基礎とする民主主義では、合意への圧力から価値基盤を異にする少数者の意見が軽視され、対立を基礎とする民主主義は少数者の意見を政治過程から排除するという結果に陥り易い。そこで以下では、民主主義における少数者の位置を「他者性」という観点から検討する。

3　民主主義と他者性

民主制が抱える最大の困難は多数者と少数者の対立である。しかし、前に触れた通り、多数者と少数者の対立関係は、少なくとも二つのレベルを含んでいる。その一つは公共性追求の場面で問題を共有している大多数の国民によって構成される対立であり、もう一つは、彼らとは異質な公共的価値を求める絶対的な少数者を相手とする対立である。前者を「多数者間の対立」と捉えれば、後者を厳密な意味での「多数者と少数者の対立」と考えることができる。多数者間の対立は、経験や価値の基盤を各人が異にするとしても、議論すべき問題の設定について同一の基盤を有する人々の間で生起している。この意味で、各人は問題を共有していると言えよう。これに対し、多数者と少数者の間に生じる対立では問題の設定基盤が共有されていない。例えば、私たちが今日政治的な問題として共有している女性や黒人への不当な差別も当初は少数者側からの一方的な主張でしかなかったことが想起されよう。彼ら少数者は、多数者とは異なる問題基盤を有するという意味で民主主義における「他者」としての位置を占めているのである。

法哲学や政治哲学において、他者の問題はアイデンティティーとの関係で多く論じられている。特に、多文化主義（multiculturalism）の議論は他者についての積極的な言及を含んでいる点で注目に値するだろう。この議論の始原は、北アメリカ在住の様々な少数者民族集団が自らの文化的固有性を主張し、独自の政治的要求を掲げ始めた時期に求められる。多文化主義は、具体的には、合衆国のアフリカ系住民やカナダのフランス語系住民の政治的動きによって喚起されたものであるが、それぞれの主張が多くの差異を孕んでいるためこれを一義的に考えることは難しい。[14] しかし、J・ロールズらリベラリズムの普遍主義に対する批判として構成され得るという点では、多文化主義の主張に一致する見解を見い出すこともできるだろう。

ロールズの議論では正義の諸ルールについて全員の合意を形成するため、「無知のヴェール」で覆われた諸個人から成る原初状態が仮設的な議論の場として設定される。ここでは、各成員が自らの社会的・文化的位置付けを知らされることなく議論を進行させるため、自分が最弱者に生まれついた場合を想定して正義のルールが考案され、合意が形成されることになる。この議論に対する共同体主義の側からの批判は、周知の通り、正義のルールが社会共同体から遊離した原子論的個人の判断ではなく、ロールズ自身の帰属する近代西欧のアイデンティティーを反映しているというものであった。しかし、多文化主義の批判はそれ以上に強い問題を提起している。

ロールズの議論は普遍的な正義の諸ルールを確立しようとする試みであったが、共同体主義が指摘している通り、それは近代西欧という特定のアイデンティティーを背景とするものであった。それゆえ、彼の主張は結論として北アメリカで多数派を構成するアングロ・サクソン系住民の文化・社会を普遍化する企図として位置付けられる。したがって、「多文化主義の立場からすれば、リベラルの普遍主義とは、実は『多数者の専制』以外のものではない[15]」という結論になる。これに対し、共同体主義の側から多文化主義にコミットしているテイラーの議論は興味深い[16]。彼は、人間の自由と社会・文化的背景とが不可分であるという立場を前提にしながら、異文化の下にある他者のアイデンティティーとの相互承認を目指す。しかし、ここでいう相互承認は他の文化集団の存在を無批判に認めるという単純な作業ではなく、異文化との対話を通じて「地平の融合」（H・G・ガダマー）を図ると同時に、諸集団が各々の文化的価値を積極的に競い合うという対立と承認の複層的なプロセスを含意している。

こうした主張は、少数者集団に属する人々にも同等の権利を賦与することで問題解決を目指すリベラリズムの試みが「多数者の専制」を不可視にしていることを顧みれば、諸アイデンティティー間の現実的な対立と承認の過程を見届けようとしている点で重要な示唆を含むものである。しかし他方で、テイラーの議論は大きな矛盾を包含している。なぜなら、異文化の下で育まれた集団的諸アイデンティティーが相互承認を形成するための対話を開始することは、それ自体極めて困難な作業であるにもかかわらず、その対話に各々が集団的アイデンティティーを先鋭化させて挑むとすれば、相互承認は「地平の融合」から「殲滅戦」へと傾きを変えていくと予想されるからである。こうした結末が回避されるのは、当初から問題基盤が共有されている「多数者間の対立」の場合に限られるだろう(17)。

これら多文化主義をめぐる議論はその実践的展開の場面である民主主義についての議論と同様の構造を内在させている。合意を基礎とする民主主義は、可能な限り個人を抽象化することで「透明なコミュニケーション」のための仮想空間を設定し、最大公約数的決定によって対立を合意へと変換するシステムであったが、リベラリズムの普遍主義は、こうしたタイプの民主主義に理論的基礎を提供するものである。各人の自由を重要な価値として認めるリベラリズムの議論では、多数者側の寛容な態度によって少数者への専制支配は回避される。しかしその一方で、普遍主義的考慮から合意形成を優先させた場合、政治的価値や問題設定基盤を異にする少数者の主張に対する多数者側の無関心な態度が誘発される結果となるのである。

他方、対立を基礎とする民主主義は社会的諸力を競い合わせることで公共的価値を追求しようとするものであったが、それを実現する最も効率的な制度と考えられた二大政党制は、多数者間の対立を活性化させる反面、多数者と少数者との間の溝を拡大し、少数者支配の制度化を強化したとさえいえよう。この帰結は「文化の競争」を基礎とするテイラーの所説との類似性を窺わせるものである。カナダにおける英語圏／仏語圏の対立・承認過程と先住民／ヨーロッパ系住民の対立・承認過程とを同列の文化競争の下においた場合、多文化主義はこのタイプの民主主義と同じ陥穽におちるだろう。したがって、現代民主主義と多文化主義に共通の課題は、多数者間の対立と多数者・少数者間の対立とを区別し、後者の対立における少数者集団の存在意義を明確にすることで、彼らを多数者支配の状態から解放することにある。それは、他者の存在を容認するという寛容だが無関心な態度ではなく、自他の優劣を分明にするための対立・支配を促進することでもない。私たちが他者との共存を実現するために不可欠な要素とは、自己の自由と他者存在との間に存する相互依存性を自ら理解していくことである。

アイデンティティーとの関係に言及すれば、これを勘案せずに普遍的ルールのみを創出することは不可能である。しかし、集団的アイデンティティーや帰属意識を過剰なまでに意識・表現していくことは、私たちの自由と共存の実現にとって得策とはいえないだろう。その理由として第一に挙げられるのは規律化の問題である。人間は自己に課されたアイデンティティーへの内省を通じて少なからず懐疑や反発を覚えるが、過剰な集団的アイデンティティーや帰属意識の強化は、人間の意志や行為への規律的訓育を通じて、厳格なアイデンティティーの様式を遵守させるよう機能することが知られている(18)。この規律・訓育機能は多数者・少数者双方の集団で生起し得るものであるが、各構成員は自らの内部の抵抗する部分（内部の他者）を抑圧し、規律を内面化することで集団的アイデンティティーの要求を満足させることになる。

もう一つの理由は、集団的アイデンティティーや帰属意識の強化が他のアイデンティティーの外部性を強化することで実現されているという問題である。アイデンティティーは同質的な空間において自生的に形成されるものではなく、他のアイデンティティーとの接触による差異の感覚を通じて成立するものであるため、それは「正統」に対する「異端」や「宗主国」に対する「植民地」のような対立関係を基軸としている。それゆえ、一方の集団的アイデンティティーが強化される場合には、それと同時に、対立するアイデンティティーとの異質性が強調されるため共存が不可能となるのである。

これらの帰結として、集団的アイデンティティーや帰属意識の強化は、自己と他者との間の相互依存性理解に二重の困難をもたらす。それは、私たちの内なる他者を抑圧することで他者理解への契機を奪い、外部の他者との対立を激化させることで他者を配慮する機会を失わせるのである。

民主制の過程において、合意を優先させるために個々のアイデンティティーの相異を無視するならば、多数者支配は温存されることとなる。他方で、相互承認と競争促進のためにアイデンティティーを活性化させることは、対立と多数者支配とを強化するという結果を招くことになるだろう。これら二つの危機的状況を回避するために、民主主義は多数者と少数者の権力関係について、新たなエートスを必要としているのである。

4　闘技的民主主義の可能性

現代民主主義の課題は、公共性の追求と多数者による少数者支配の回避とを同時に成し遂げるためのエートスを構想することである。こうした困難な課題について、フーコーが明確な回答を寄せているわけではない。しかし、前述した権力関係についての彼の所説は、民主主義の在り方に新たな可能性を提起するものといえるだろう。ここでは、そうした可能性の一端に触れながら議論を進めたいと思う。

フーコーは、各人の自由と彼らの間の権力関係とが密接不可分であるという前提に立っている。つまり、私たちの自由は、意見を異にする人々や問題設定の基盤を共有しない他者との相互関係における批判や応答の可能性として定義され、それらは権力関係の中で動態的に実現されると考えられる。したがって、民主制の過程における公共性追求の場面でも個人の自由を実現するために権力関係の排除や回避を試みる必要はない。これに対し、正義の諸ルールについて一般的な合意を形成し得るとする議論や理想的なコミュニケーション状況の整備によって討議が合意に向かうとするハーバーマスの所論は、社会的諸力の対立が穏やかな話し合いによって収束するという調和的存在論によって支えられている。しかし、現実の民主制過程において合意が果たす役割は、価値基盤や問題設定基盤を異にする少数者や他者への抑圧であり、極めて高度な形態によって機能する「支配」

であった。合意による統治の下に隠蔽されてきた少数者支配の構図を浮き彫りにすることで、民主主義の再問題化を図ろうとするなら、私たちは、権力関係を一切排除した透明な空間での合意を夢想するよりもむしろ、権力関係を前提とした動態的自由を基礎に新たな民主主義像を構築していくべきであろう。

しかし、この議論は民主主義における権力関係の重要性を説く一方で、権力関係が他者支配を目的とする対立・闘争へと転化することを容認するものではない。フーコーは「権力関係」と「支配」とを厳密に区別したが、ここでもその区別は踏襲されねばならないのである。彼は、一方が他方を自由に操作し得る状態を「支配」と定義したのに対し、「権力関係」の存在条件を自己と他者相互の批判と応答の可能性に求めた。それゆえ、民主制過程での公共性追求に際しても、社会的諸力の対立は他者支配のための闘争であってはならない。もちろん、公共性を求めて繰り広げられる対立・競争が、相互連帯の意識を共有する人々の間で実現されるなら、議論の活性化と互いの切磋琢磨によって優れた結果を導くことは間違いない。しかし、今日の多文化状況や少数者集団の存在を顧慮すれば、私たちは民主主義における対立の在り方やその内実を規定するエートスについてさらなる検討を加える必要があるだろう。

合意を基礎とする民主主義では、多数者側の擦り寄りによって実現された最小限度の合意が少数者を支配することになるが、両者はそれ以上の関わり合いを見せない。それゆえ、多数者支配が温存されると同時に、多数者と少数者の間の対立は無関心というかたちを取って現れる。その結果として、両者の関係の再構成を促すための経験基盤や価値基盤の変動は、各々の内発的契機を待つ以外にないということになるだろう。他方、対立を基礎とする民主主義においても、安易な妥協や合意の回避を目的として二大政党制を採用した場合には、多数者による少数者支配を強化することにつながる。しかし、こうした制度を採らずに社会的諸力の群雄割拠を容認すれば、有力な集団の分離独立や少数者文化の支配を招くことは必至である。これらの危機を睨みながら、コノリーは、新たな民主主義の在り方について、フーコーが提起した「闘技性」の概念を基礎に議論を展開している。この言葉はフーコーの造語であり[19]、自他の相互依存性を前提とした対立関係を含意するものであるが、コノリーはこの概念をモチーフに「闘技的民主主義」を構想している。

　彼の議論は、民主主義の基礎を合意から対立へと移行させようとする点で「対立を基礎とする民主主義」の一つに数えることができる。しかし、多数者間の対立・競争よりも多数者と少数者との間の対立に照準を合わせているという意味では、多文化主義についての議論から得られた成果を多く取り入れたものといえよう。そこでは、民主制過程における多数者と少数者との間の対立の在り方を規定するエートスが重要な論点となる。民主主義における権力関係を抽象化せず、これを支配状態へと転化させることのない闘技性のエートスとはいかなるものであろうか。先に概観したフーコーの自由論には、既にその手掛かりが存在していたように思われる。彼は、自己の自由が他者の自由なしに実現され得ないという自由の相互依存性を権力関係の必然性と重ね合わせて論じたが、このような相互依存性の自覚は、結果として、他者に対する「闘技的敬意」を導くこととなる。なぜなら、実現されるべき自由を全体の調和的統一性にではなく、他者との間の批判・応答の連続という不調和な関係に求める私たちにとって、自らと問題設定の基盤を異にする他者は極めて重要な存在といえるからである。

しかし、他者への敬意を民主主義の基本的エートスとするには、人々の政治的価値に対する原理主義的態度を変革していく必要がある。自己と他者との間の相互依存関係を自覚しつつも批判的応答を繰り返していくという「闘技性」の実現にとって、自己の政治的価値やアイデンティティーへの強固な執着は超えられるべき最大のハードルと言えるだろう。この問題を超えるためにコノリーが手にしたのはニーチェ＝フーコーの「系譜学」という概念であった。これは、価値（善／悪や正／不正など）の発生過程を調べることで、その根源や本質といわれてきたものが人為的・社会的に構成されたものであることを反省的に提示する概念的な道具である。系譜学的認識は、価値の社会的構成とその変更可能性とを人々に示す。自らが同一化してきた価値が他者との間の相互関係において構成されたものであると認識した場合、私たちは自己のアイデンティティーへの執着は失わないとしても、他者に対する異質性や敵対心を緩和させることができるだろう。系譜学的価値認識は、他者への敬意を基礎とする闘技的関係構築への最初のアプローチであり、価値の原理主義者に対して忍耐強く要求すべきものであるといえる。系譜学的認識の深化は、相互依存の感覚を強化することで、他者に対する異質性や敵対心の緩和から他者存在の必然性と必要性にまで至る。それゆえ、リベラルな寛容論が他者存在の受動的容認を旨とする偏見の除去にとどまるのに対し、コノリーらは闘技的敬意を涵養すべく他者への積極的な関与を続けることになる。

　闘技的民主主義は、こうしたエートスを基礎としていかなる展開を見せるのであろうか。民主主義における多数者と少数者との対立は、もはや合意によって解消されるべき問題ではなく、闘技性として再構成されるべきものとなった。民主主義における新たな課題は、支配を目的とする対立ではなく、相互依存と闘争によって二重化された闘技的関係の設定にある。私たちは、民主主義の制度設計に修正を加えるだけでなく、闘技性という新たなエートスの浸透を促していかなければならない。

　多文化主義の議論では、多数者からの支配を脱するために少数者の分離・独立を強調する立場が存在する。このような見解は、自らの政治的価値や自由の実現と帰属意識との間に強固な関係を見い出し、他者への敵対心や無関心を貫こうとするものといえよう。しかし、帰属意識の強化や対立文化を仮想敵とする姿勢は、自文化を独善という不自由に陥れる結果となる。分離・独立後の公共的価値は文化を共有する構成員全体の合意を基礎として追求されることになるであろうが、フーコーの主張に従えば、他者の不在は自己のアイデンティティーの喪失や動態的自由の不可能性という代償を伴うこととなる。闘技性を基礎とするエートスの浸透は、こうしたタイプの多文化主義に方向転換を促すだろう。つまり、均質的な文化共同体としての国家を新たに建設するのではなく、統一的な国家を仕切る境界線を問題化し、国家への帰属意識やアイデンティティーの不毛さを明らかにするのである。自らの自由を実現するためには、他者を排除するのではなく、他者との相互尊重を基礎とするネットワークを構築していくことが肝要であるとすれば、超国家的なネットワークを通じて領域国家に囚われない批判的応答を繰り広げている今日の様々な政治運動は、闘技性のエートスにとっても重要な意味を持つといえよう。

こうして構想された民主主義は闘技的敬意を基礎とするものであるが、最終的な合意形成を目的とするものではない。しかし、これによって人々の基本的な権利が根拠を失うとすれば、この試みは本末転倒であろう。それゆえ、このエートスは人々の基本権を超絶的な命題や必然的合意としては受け容れないが、それ以上に現実的な意味を有するものとして受け容れる。コノリーの言葉に従えば、それは「生の多様性に対する配慮を涵養する」[20]ために不可欠な要素として闘技的民主主義の基盤を組織するのである。

フーコー＝コノリーによって提起された民主主義のエートスは、相互依存性の自覚によって導かれる闘技的敬意を基礎としながら、公共的価値をめぐる対立・闘争を続けていくことであった。このエートスは、現代の民主主義制度に対する具体的な修正ではなく、民主主義に臨む私たちの態度や姿勢への変革を念頭においたものである。それゆえ、実効性が乏しいとする見方や最終的和解の不在に対する不満が提起されるかもしれない。しかし、闘技的民主主義の構想は、多数者と少数者の共存の在り方として、そうした批判を差し引いても追究に値するものである。

＊

民主主義における「対立」の問題は、多数者と少数者との間の対立について、より深刻な問題を抱えている。しかし、その一方で、他者存在が私たちの生をさらに豊かなものにしていることも事実である。この意味で、民主主義は公共的価値の追求と他者への積極的関与という二重の課題を背負わされているといえよう。こうした状況において、私たちは、民主主義に内在する不調和を直視しながら、人々の自由と共存を実現していくためのエートスを思索し、実践していかなければならない。他者を必要不可欠な存在として認めながらも相互に批判的応答を繰り返していこうとする「闘技性」のエートスは、この目的を実現するための一つの可能性でしかない。しかし、民主主義における権力関係が支配へと転化するのを回避するためにも、このエートスが不可欠であることは間違いないだろう。

III 権力論から法と権利の問題へ

第七章　フーコーと法

全てを「無秩序な戯れ」に還元するといわれたポスト・モダニズムの一系列にフーコーの哲学を位置付けようとしてきた人々の目には、彼の哲学と法とを直接的に結び付けようとする試み、あるいは法学をテーマにフーコーの哲学を論じようとする試みは、無謀な賭けとして映るかもしれない。少なくとも、既存の秩序に対する侵犯を標榜しているとみなされた哲学者は、法学者にとって危険な存在でしかなかったように思われる。しかし、そうした人々の判断とは裏腹に、一九九〇年代に入って法学・政治学研究者による多くのフーコー論が英語圏を中心に姿を現し始めた。監獄制度の歴史を扱った『監獄の誕生』は刑事法学の研究者によって引用されてきたが[1]、それらは法哲学や法理論領域での議論を喚起するには至らなかった。これに対し、彼の哲学を基礎法学領域で積極的に論じ、その位置付けを明確化しようと試みたのが、ハントとウィッカムの共著『フーコーと法[2]』である。この著作以後、「フーコーと法」をテーマとする議論が活発化したことからも、彼らの著作がそのベースライン（あるいは叩き台）として重要な役割を担ったことがわかるだろう。そこで本章前半では『フーコーと法』が提起した諸問題について検討し、後半では、それらの議論を踏まえて、彼の哲学を法学領域に取り込むための一試論を展開する。

1　フーコーと「法の排除」

『フーコーと法』が発表されたのは一九九四年であった。この書は、フーコーの哲学を紹介する導入部分と「フーコーと法」をテーマとして論ずる第二部、さらに彼の考え方を「統治としての法の社会学（Sociology of Law as Governance）」として応用しようとする試論的な部分の三部から構成されている。これら三部の中でも法学者たちの議論の的となったのは、フーコーと法とを直接的に結び付けて論じた第二部であった。ハントらも指摘している通り、法学領域はフーコーの哲学を導入するのが最も遅れた研究分野の一つであったが、(3) ここでの論争以後堰を切ったように様々な研究が姿を見せている。ここでは、『フーコーと法』第二部によって喚起された論争を中心に、彼の哲学と法との「接合」あるいは「切断」について論じたいと思う。

ハントらによって提起された論点は「法の排除（expulsion of law）」と「規律権力と法」という二つのテーマに関わるものであった。前者は、フーコーの「法」理解に対する批判として、彼らが自著の中心に設定したものである。これに対し後者は、フーコーが提示した「規律権力」と「法」との関係性をめぐる議論として提起されている。そこで本節では、前者の論点を中心的に論じ、次節で後者の問題を扱うこととする。

「法の排除」についてはそれぞれの論者によって捉え方が異なるが、ここではH・バクスターの議論設定に依拠する。[4] 彼によれば、『フーコーと法』の著者たちが問題として提起した「法の排除」論は、フーコーの主要著作についての読解から直接的な帰結として導かれる議論である。なぜなら、フーコーは、最初に「法」と「主権」あるいは「法」と「法的権力」概念との間に一貫したつながりを定立し、これを受けて「主権的権力」と「近代的権力」との間に対立関係を導入していると考えられるからである。その結果として、必然的に、フーコーは「法」を前近代的な観念として理解し、権力分析の範疇から「法」の問題を排除することになるというのが、ハントとウィッカムによってなされた問題提起であった。彼らの議論は、このような「法の排除」論をフーコーの諸言説によって裏付けようとする試みとして位置付けられるだろう。[5]

ハントらの説明によれば、フーコーは法を明示的な研究対象として設定してはいないが、それにもかかわらず、著作や論文を通じて法の問題に繰り返し言及している。[6] 特に、一九七〇年代の論考では、法というテーマが権力という主要テーマとの間に緊張関係を築くに至っているとさえいえるだろう。彼は「権力を法や禁忌や自由、主権といった言葉で考えるのを止めてみよう」[7] と訴え、権力と法との切断を試みるよう人々に促している。そして、法的表象から切り離された権力形態としての「規律権力」や「生―権力」を自らの権力論の中心概念として提示するのである。さらにハントらは、次のようなフーコーによる「法」への言及を引用しながら議論を進めている。

結局のところ、時代と目標が異なっても、権力の表象は相変わらず王政のイメージに取り憑かれたままでいる。政治の思考と分析においては、人々は相変わらず国王の首を切り落としてはいないのだ。そこから、権力論において相変わらず、法的権利と暴力、法と違法性、意志と自由、そしてとりわけ、国家と主権の問題に（主権が君主の人格においてではなく集団的存在において問われている場合でも）重要さが与えられるという事態が生じるのである。権力をこれらの問題から考えるというのは、これらの問題を私たちの社会に極めて特殊な歴史的形態、即ち、法的王政から考えるということである。(8)

こうした言葉から、ハントらは、彼が「法」を前近代的な君主制の産物としてしか理解していないと考えた。そして、彼らは、近代権力の複雑性や多様性を理解するに際して「主権」という言葉でしか対応できない今日の政治思想の不適切さを指摘する点でフーコーの主張の正しさを認めながらも、その一方で、近代における国家法や制度についての考え方を前近代的な法的思考枠組みと簡単に同視し、排除しようとする彼の権力論に批判の矛先を向けたのである。(9)さらに彼らは、ハートに言及しながら、フーコーの近代法理解の粗雑さを指摘し、自らの結論に補強証拠を追加しようとしている。すなわち、ハントらは『監獄の誕生』を中心とする分析から、「違反者の身体に課される懲罰によって支えられた主権者の命令という彼の法理解は、たとえ一般的な理解であるとしても、法を刑事法の刑罰諸形態と同一視するという法についての幾分単純な見方に対応するものである」[10]として、これをJ・オースティンの「法主権者命令説」の一系列に置き、ハートのオースティン批判を援用する。[11]こうして彼らは法を刑法に還元し、近代法の体系を前近代の専制支配へと引き戻そうとするフーコーの法理解にその難点を見い出し、彼が権力分析の文脈において「法」を排除しようとした理由を彼自身の「法」への無理解に求めたのであった。[12]

『フーコーと法』の著者たちによる「法の排除」論は、前に述べた通り、法学者たちがフーコーの哲学を考察する契機となった。その中でも、議論の中心を構成したのは、次の二つの問題である。すなわち、フーコーは「法主権者命令説」を採っていたのか否か、彼は本当に「法」を権力論から排除したのか否か。これらの問題は、彼の著述を詳細に検討することで一応の解決に達し得るものだが、その表面的な解釈だけでは、彼の権力論が人々に与えた現実の影響力を見失うことになるだろう。それゆえ、彼の法理解を明確化するには、そのテクストが有する戦略的な意図を考慮する必要がある。

フーコーがオースティン的な法主権者命令説を採っていたか否かという問題については、彼自身が法理論一般に言及していないため定かではない。『監獄の誕生』における刑事法分析のみから、彼の法理解を「法主権者命令説」に特定することも難しいだろう。フーコーは、この著作において、自らを法主権者命令説に同定することなく、法と規律との比較・対照に終始している。[13] 彼が法をいか何に理解していたかという問題は、むしろ『知への意志』における「法的権力モデル」[14] についての議論を手掛かりにアプローチすべきであろう。なぜなら、この議論の中で、明らかに彼は「法」が王政制度の内部に囚われ、その性質を残存させていると指摘しているからである。『知への意志』第四章で、彼は自らが否定しようとする権力の表象形態を法的言説によって描き出そうとするが、そこでの言説は「法主権者命令説」を彷彿とさせるものである。すなわち、立法する権力に対して従属する主体が前提され、権力による拒絶や排除、合法と非合法、禁止と命令の二項対立などが法の諸特徴として列挙されている。フーコーが法的言説として提示したこれらの諸特徴から、彼を法主権者命令論者に組み入れることは容易であろう。

しかし、フーコーの権力論が有する戦略的側面から彼のテクストを理解した場合には、ハントらの所説は維持され得ないように思われる。多くの法学者が、法を主権者の命令として捉える狭隘な立場を離れ、インフォーマルな社会的圧力の存在や自発的合意形成のプロセスに目を向けている今日、フーコーが法を主権者命令説的な論理によって定式化した意図はどこにあるのであろうか。彼が近代法についての理解を欠いていたとするハントらの主張もこのような戦略的視角からの再検討を要するだろう。

彼の戦略的意図を理解する場合に、私たちは、フーコーが「法」や「権力」をその表象（représentation）[15] において捉えようとしていた点に注目すべきである。彼は、立法権力や従属、禁止、命令、拒絶といった言葉を並べることによって、近現代における法や権力の現実的な機能を厳密に言い当てようとしていたわけではない。むしろ、フーコーの議論の中心に在るのは、法学者や法律家、さらには一般の人々によって抱かれ続けてきた「法」や「権力」に対するイメージあるいは彼らのディスコースを形成する法的思考様式に関わる問題なのである。[16]「なぜこのような権力の法的捉え方をかくも安易に受け容れるのか」[17]というフーコーの問い掛けからも、その問題設定は明らかであろう。ハートによる法主権者命令説批判の後も、私たちは、とりわけ権力の問題について法の主権者命令説に近いイメージを保持してきたことは否めない。様々なルールの背後に強制力を有する執行者を想像し、自身を含めた主権者による命令や禁止としてルールを捉えてきたのである。現実の法・権力システムから遊離した「法」という表象が、それ自体として私たちの思考の中で独立した作用を及ぼしてきたともいえるだろう。

このような「表象としての法」という理解、さらには彼が法に言及しているコンテクストなどから、フーコーの法理解とその意図が明らかとなる。まず第一に、彼の法理解は前近代的な未成熟さによって覆われてはいなかったということがいえるだろう。なぜなら、主権者命令説的な彼の法説明は近代から今日に至る法や政治制度の現実的諸機能を表現したものではなく、法に対する私たちの表象的理解を写し取ったものだからである。さらに付け加えれば、フーコーは近代以降の法システムに映し出された様々な実際上の変化について指摘し、それをこれまでの法的表象とは異質な権力形態として抽出している。[18]こうした点からも、法に対する無理解を理由に、彼が法を前近代的な形態に押し込めたとするハントらの見解は否定されなければならない。次に、フーコーの戦略的意図が明らかにされる。彼は、近代的な法制度が人々の表象から徐々に乖離し、規律権力や生―権力といった新たな権力形態の侵食を受けていることを実際に確かめながらも、そうした現実的変化に伴って私たちの法的表象や法的思考様式自体が変化したとは考えなかった。これは、法主権者命令説が法的表象として極めて根強く私たちの思考全体を覆っているという事実を示しているが、それと同時に、このようなフーコーの思考は、自らが提示する新たな権力形態が法的表象とは全く異質なものであることを強調する結果となっている。つまり、ハートが法主権者命令説に適合しない多様な法の形態を挙げることでオースティンへの批判をおこなったのに対し、フーコーは、主権者命令説的な「法」の表象とは異なるタイプの権力形態を構成することによって、この表象への批判を展開したのである(19)。そして、この批判は単なる法理論上の争いを超えて、法的思考様式とは異なるタイプの権力形態による支配の可能性と危険性を明らかにする。つまり、フーコーの戦略は学説としての法主権者命令説ではなく、法に対する一般的表象としての主権者命令説を批判し、「法的権利によってではなく技術によって、法によってではなく規格化によって、刑罰によってではなく統制によって作動し、国家とその機関を超えてしまうレベルと形態において行使されるような権力の新しい仕組み(20)」を問題として提起しようとするところにある。

ここまでの議論から、フーコーが権力分析において「法」を排除していたか否かという論点にも結論が出せるだろう。ハントとウィッカムは、フーコーが近代法を主権者命令説の型枠に押し込むことで近代社会における法の役割を看過したと考えたが、そうした結論は彼の議論を正確に捉えたものとはいえない。彼は近代法を前近代的な専制君主の言葉によって表現したとされるが、それは法の現実的な機能から離れた私たちの思考様式に残存する法の主権者命令説的表象の存在を示唆するものである。そして、フーコーの権力分析自体は、こうした表象とは正反対に現実の権力作用についての極めて精緻で革新的な構造を明らかにするものであった。それは、法主権者命令説という軛から離れ、「技術」「規格化」「統制」といった言葉によって今日の法制度を再考しようとする試みとしても位置付けられよう。ハントらの思惑とは逆に、フーコーは、規律権力や生—権力といった概念によって近代法についての新たな思考枠組みを提示したとさえいえるのである。

2　規律権力と法

「フーコーは法の問題を権力論から排除していない」とする私たちの立場は、必然的に、「規律権力」と「法」との間の関係性という新たな論点を導くこととなる。彼は、権力をめぐる議論において「法的権力モデル」と「新たな権力形態」とを入念に区別したが(21)、それは権力についての法的表象と実際の権力作用との間の相違について述べたものであった。しかし、近代社会における権力作用の全てが、フーコーの掲げる規律権力や生—権力といった新しいタイプの権力形式によって覆い尽くされているわけではない。フーコー自身、今日の権力が法的権力モデルに依拠した主権者の

彼の「反＝法律（contre-droit)」的姿勢を明確化しようとしている。

獄の誕生』における「一望監視方式」と法＝政治的歴史過程との関係をめぐる議論に触れながら、「法の排除」論を展開した人々はフーコーの立場を規律権力中心主義として理解した。[23] 彼らは『監

それでは、これら二つの権力形態は近代社会においていかなる関係を築いてきたのであろうか。

「権利」と規律権力から導かれる「技術」との同時作用によって機能していることを認めている。[22]

歴史的には、ブルジョワジーが十八世紀に政治上の支配階級となったが、その過程は、形式的には平等主義の、明文化され、記号体系化された法律上の枠組みの設定によって、しかも、議会制ならびに代議制という体制の組織化を通じて庇護されてきた。しかし、規律・訓練の様々な装置の発展及び一般化は、こうした過程のもう一つの側面、すなわち、その暗闇の側面を構成してきたのであった。原理上は平等主義的な権利の体系を保証していた一般的な法律形態は、その基礎では、規律・訓練によって構成される本質的には不平等主義的で不均斉な微視的権力の例の体系によって、細々とした日常的で物理的な例の機構によって支えられていた。[24]

このようなフーコーの記述から、多くの論者は支配階級のイデオロギーを下部構造との相関において発見し、その虚偽性を批判しようとするマルクス主義的なイデオロギー論を想起した。フーコーが近代立憲主義を支配階級のイデオロギーとして捉えていることを指摘した人々は、法的思考枠

組みが現実の身体的権力を覆い隠す役割を果たしてきたとする彼の歴史認識を批判の中心に据えた。(25)法の排除論を提起した人々は、この「法＝イデオロギー」論を取り込むことで、フーコーと法との間に乗り越え難い「断絶」をつくりあげようとしたのである。しかしながら、このような批判は簡単な誤解と根深い偏見のうちに生み出されたものである。フーコーとアルチュセールのようなマルクス主義者との関係を指摘する研究も存在しているが、(26)フーコー自身は基本的に「イデオロギー」や「抑圧」といったマルクス主義の概念に対して批判的であり、そうした概念を基礎に思索を構成したとは考えられない。(27)そして、前述した通り、彼は「法」を単なる規律権力への「覆い」として理解する立場を離れ、近代社会の権力を構成するもう一方の還元不可能な要素として認識している。(28)法的権力として表象された「法」は、それ自体として私たちの現実的行為と結び付いた思考枠組みを産出しているのである。(29)このような議論の帰結として、フーコーを規律権力中心主義に位置付けるのは不可能であろう。

確かに、フーコーは規律権力の諸性質を説明するに際して、その反＝法律的機能を強調している。そして、規律権力が自らに賦与された形式的な法律的枠組みを超出して機能してきたことも認めている。しかしその一方で、彼は、現実の場面において法や権利が全くの機能不全に陥っているとは考えていない。むしろ、規律権力は近代の法制度や政治制度が直接触れずに済ませてきた部分で、互いに還元不可能なディスコースを背景として、その間隙を埋めるかのように機能しているのである。(30)このような認識に立てば、フーコーと法との間に設定された「断絶」は除去可能なものとなろう。そして、彼ら断絶論者の誤解が、規律権力の特徴付けとして用いられた「反＝法律」的な言葉をフーコー自身の「法」に対する姿勢と直接的に結び付けてしまったことに起因していることも明らかとなる。

次に、法と規律権力との具体的関係に目を向けた議論について検討を加える。両者の関係に言及する論者の多くは後者の前者に対する機能を重視するが、ここでは逆向きの機能も視野に入れて議論を進めたい。フーコー自身、規律権力による法領域の侵食を強調する傾向にあるが、法から規律権力へと向けられた機能についても看過し得ない部分がある。

規律権力が法に対して果たす役割を重視する人々は、法制度を単なるイデオロギーや覆いへと還元せずに「法」それ自体が独立した機能を有していることを認める。しかしなお、彼らの分析の中心は近代の法的枠組みの基礎として規律権力がいかなる機能を発揮したか、その機能がいかにして今日の法の形態や内容を変形させたのかという点に絞られている。『監獄の誕生』におけるフーコーの議論もこうした観点からの分析を色濃く反映している。彼らの議論によれば、規律権力は表面的には「下位の法律（infra-droit）」以外の何ものでもないが、その機能は「反＝法律」的なものであるとされる。[31] すなわち、監獄や学校、工場などで実践されている規律・訓練は、法律が規定する一般化された条項を個別的な生存の水準に適合させたり、法の一般的要請を個々人が充足し得るよう促す補助的な役割を期待されているかのような外観をまとっているが、規律・訓練そのものは法律の基礎的原理とは相容れないものである。これについて、フーコーは次の二つの理由を挙げている。[32] 第一に、規律権力は個々人の間に、契約上の権利・義務関係とは全く異なる「私的な」拘束関係をつくりあげるという点が述べられる。[33] 彼は、労働契約を例に取り、その内容が規律・訓練の実質的な効果によって歪められていることを指摘する。第二の理由は「法律体系が普遍的規範に基づいて法的主体を規定するのに対し、規律・訓練は人々の特色を示し、分類を行ない、特定化する」[34]という点である。近代法が、人権を基礎とすることで平等な主体を前提しているのに対し、規律権力は、様々な規格と手段によって諸個人の間に差異を生み出し、序列化による秩序形成を試みる。

このように規定された規律権力は「形式的で法律中心の自由の下層土壌[35]」を形成しているとされる。つまり、近代法体系や近代立憲主義が提示してきた諸個人の「自由」や「平等」は法の定立によって手放しに認められたわけではなく、日常的な領域や社会的領野に組み込まれた規律・訓練の身体的実践によって予め制限され、実際には、私たちはその制限された範囲と方法においてのみ二つの価値を手にしているに過ぎないと結論付けられるのである。この主張を敷延すれば、法は規律権力を基盤とすることによって初めて、自由と平等という近代的価値を提示することができたということになる。

しかし、このような議論については批判を提起する必要がある。法と規律権力との関係性についての前述のような見解は、規律権力に対する法の依存を分析の焦点とするものであるが、そこでは、法に対する規律権力の側の依存が分析から排除されている。こうした批判は、フーコー自身の論考について当てはまるだろう。そこで以下では、規律権力の法に対する依存形態について二つの見方を提示したいと思う。

最初の議論は極めて現実的な視点から発せられるものである。すなわち、規律権力は「誰がそのような権力を行使するのか、彼らはいかにそれを行使するのかという点について多くの法的カテゴリーやルールを前提しているように思われる」[36]というバクスターの指摘である。私たちは、このような指摘が、権力の主体を同定しようとするものであるという理由で、フーコーの規律権力論を捉えそこなっていると批判することもできよう。しかし少なくとも、監獄や工場、病院などでの規律的作用の前段階では契約や財産所有といった法的観念が十分な機能を果たしている。規律権力が産み出すとされた「私的な」拘束関係も、契約上の関係とは異質な形態でありながら、法的契約をその端緒としていることは看過し得ない事実である。監獄において「非行者（délinquant）」として扱われる者が、その前段階において「法律違反者（infracteur）」として規定されるのも同様であろう。さらに、規律・訓練の実践プロセスにおいてさえ、その細部は異なるにしても規格化をおこなうための制裁として「微視的な刑罰制度」[37]が導入されている。「法」をフーコーの主権者命令説的表象に限定しても、規律権力は法的カテゴリーの影響を受け取っているのである。

第二の議論は、法的構成によって賦与される「正当性」についての問題である。フーコーの権力論では、国家や法といった概念の正当性を予め想定することはなく、これらの正当性を日常的レベルにおける「下からの権力関係」に求める。[38]私たちは、この「下からの権力関係」の一端を形成するものとして規律権力を捉えるが、この規律権力の正当性自体は、その「反＝法律」的機能にもかかわらず「下位の法律」という擬制的外観によって賦与されたものである。つまり、規律権力は、それ自体としては人々に受け容れられず、常に法や法的合理性という衣をまとうことで正当化の問題を予め免れているのである。[39] かくしてここには、法の規律権力正当化機能と規律権力の法システム維持機能との循環的関係を見ることができるだろう。すなわち、監獄における規律化の実践は監獄法や刑事政策的知見の下に正当化され、そこでの囚人の規律化が法システムの安定を保障するのである。それゆえ、規律権力はそのプロセスや内的機能だけでなく、その存立条件としても「法」を必要不可欠としていると考えられる。

これら二つの議論からも規律権力の法への依存は明らかである。付け加えれば、フーコーが規律・訓練を「反＝法律」という概念枠組みによって規定しようとしたことも、両者の相互依存性を暗示している。しかし、彼は、規律権力と法の双方が有する機能を認めながら、前者に対する後者の影響については不十分な分析しかおこなわなかった。この意味で、フーコーが「法」とその表象の重要な機能を軽視していたことは否定できない。

3　法学研究における「権力論」の位置付け

フーコーの権力論を法学領域で論じようとする人々は、労使関係や同性愛に関する法律、アメリカのアファーマティヴ・アクション（Affirmative Action）など特定の事例を法的問題として取り上げ、そこでの分析に彼の議論を役立てようとしている(40)。ここでは、そうした事例研究のいくつかを参照し、それぞれに検討を加えることで、フーコーと法の可能な「接合」について考察する。

同性間の合意に基づく性的関係を禁じたジョージア州法（いわゆるホモセクシュアル・ソドミー法）の合憲性をめぐって争われた事件（Bowers v.Hardwick）(41)を素材に、ゲイやレズビアンに対する「私的な暴力」を憲法上の問題として提起したK・トーマスは、その論考の重要な部分でフーコーの権力論に依拠しながら議論を展開している(42)。すなわち、彼は、法的権力モデルへの批判と近代権力の産出的機能について確認した後、フーコーの理論から「権力の関係論的構成」と「権力概念の脱中心化」という二つの考え方を道具として引き出している(43)。前者は、権力が「特定の国家内部において市民の帰属・服従を保証する制度や機関の総体(44)」として存在するのではなく、特定の社会や時代における力関係の一般的な基盤をつくりあげる実践の複雑なネットワークとして存在しているということを含意するものである。他方、後者は、権力が国家や国家装置に集中しているとする国家中心主義的な視点を批判し、無数の権力関係の存在を認めようとするものである。

これら二つの概念を軸に、トーマスは、権力の問題を立法や憲法、国家、あるいはそれらが準備する形式的な装置や機関のみに限定する従来の立場を批判し、そこから漏れ落ちた部分を憲法上の問題として捉えようと試みる(45)。彼は、特に、今日のアメリカ社会において国家権力が公権力と市民との間の権力関係としてだけでなく、市民間の権力関係にも内側からの影響を及ぼしていることを強調し、N・プーランツァスに言及しながら、公的領域の外部にも国家権力の戦略が作用していると指摘する。こうして彼は、ホモセクシュアル・ソドミー法と同性愛反対者による私的な暴力行為との間の関係性を追究している。

アメリカ合衆国におけるゲイやレズビアンへの一般市民による暴力行為は惨烈を極めるものであるが、その被害の八〇パーセントは警察に通報されていないといわれる。その理由として、州や地方警察の彼らに対する敵対的な対応、自らの同性愛を表明することが差別のさらなる悪化を招くことなどが挙げられよう(46)。トーマスはこうした状況から、政府機関と市民の暴力行為との間に存在する共犯関係を読み取り、ホモセクシュアル・ソドミー法の合憲性を判断する場合にも、その共犯性を指摘する必要があると考える。すなわち、彼は「他の市民によって実行されるゲイやレズビアンへの暴力行為は、これらの市民への州による政府権力の構成的委任（constructive delegation）を表している(47)」とする論法を組み立てる。そこには、暴力行使者が権力を有すると考える従来の立場から離れて、暴力を可能にする状況がいかに設定されたかを問うことで権力の現実的作用を確かめようとする視点の転換を見ることができるだろう。

それでは、このようなトーマスの議論は、フーコーの権力論を法学領域での研究に取り込むことに成功しているだろうか。確かに、権力の主体を国家に制限せず、市民による日常的な行為実践へと視点を移動させることによって、私的領域に遍在する権力関係を可視的にしようとする彼の問題構成はフーコーの分析手法を上手く利用しているように思われる。しかしながら、そのようにして取り出された権力関係を「構成的委任」という手続きによって再び国家へと帰属させる論理構成には看過し得ない問題が含まれている。それは当然、全ての権力関係の中心に位置する国家、或いは権力の源泉としてあらゆる領域に不可視の権力構造を敷設し得る存在としての国家を権力論の始点に据えることになろう。また、私人間の暴力行為を国家に帰責させようとする法論理は、市民社会に蔓延する同性愛嫌悪という現象そのものを問題化せずに済ませることにもつながる。これらの点は、フーコーと法を接合する際に法学者が陥り易い罠であるともいえるだろう。そして、彼の試みもまた、フーコーと法の接合に成功しているとはいいがたい。

　このような試みとは別に、法の条文や判決などの言説、そこに表された観念などに着目して、その実質的な効果を確かめるために、フーコーの権力論を利用する研究も見られる。そこで次に、労使関係の問題を取り上げたR・ムーアの議論について検討を加える。彼の議論は労働問題に関する二つのテーマについて、フーコーの権力論を応用しようとするものである。その一つは労使紛争の解決手段としての「仲裁（arbitration）」であり、もう一つは職場における労働者の規律化の問題である。

　ムーアは、第二次世界大戦前から今日に至るアメリカ労働法の歴史に焦点を当て、そこでの支配的パラダイムの形成を浮き彫りにしていく。契約自由の原則と労使の平等を基礎理念として成立していた労働法の観念は大恐慌を機に激変し、労使間の交渉力の不平等が積極的に認められるようになる。その結果として、ワグナー法（一九三五年）の立案者たちは「しばしば『対等な競技場(level playing field)』の設定として言及されてきたものを通じて交渉力の平等を回復することで、産業労働者の紛争を減少させるという目標を追求(48)」したのであった。その具体的な方策は仲裁制度と不服処理制度というかたちを取って現れる。

両制度は、中立的な第三者に予め判断を委ねることによって、労使交渉を平和裡に処理しようとするものであるが、国家の直接的な介入によるものではない。これらは、労使間で締結される契約や団体交渉による合意を基礎として、契約期間中のストライキ権を放棄するかわりに労働条件への不満は仲裁や不服処理のプロセスを通じて解決することなどを約束するものであった(49)。中立かつ公平な第三者として位置付けられた仲裁者は、労使関係の専門家であると同時に、判決を下す裁判官としての役割を担う存在として規定されている(50)。仲裁制度は、労使間の対等な関係の回復（仲裁人の下での平等）と紛争の早期解決を実現するという意味で、極めて合理的な制度と捉えられ、それ以後の支配的パラダイムを形成したと言われる。しかし、ムーアによれば、これらの制度は労使関係の官僚的コントロールや職場の規律的構造を増殖させる結果となった(51)。仲裁制度は「生産の効率性や連続性へと方向付けられた中立で非政治的な組織構造(52)」を前提とするものであるが、この前提が団体交渉における合意内容に織り込まれることで、労働者は職場における抵抗の機会を失ったという。つまり、労働者の直接的な争議行動が禁止されただけでなく、仲裁者の視点による労働行為の適／不適が契約上の規定として細かく提示されるようになったのである。さらに付け加えれば、仲裁者の判断が職場における「コモン・ロー」としての位置を獲得することで、禁止事項以外の様々なルールが暗黙のうちに形成されることとなった。一方、労働組合もまた、詳細かつ規律的な契約内容によって、組合としての指針を遵守し得なくなると同時に、労働者のストライキ権行使による契約違反に対し責任を負わされる立場へと変化していったのである。

このような労使関係についての分析から、彼は、権力が上から下へと単純に作用するのではなく、放散や脱中心化を繰り返しながら作用していくことを確認している。具体的には、法の強制力やその道具的操作よりも、中立的な意志決定枠組みの正当性や専門家の権威などについて広範に受け容れられている諸前提が、労使関係をめぐる権力関係を構成するのである[53]。労働法上認められている労働者の諸権利も、こうした規律的権力によって実質的な制限を受けているといってよいだろう。そしてムーアは、これらの正当性や権威を超える抵抗については、それを考えることすら労働者には困難であると結論付けている。

以上のような分析が、フーコーの権力論を下地とするものであることは明らかである。労働者の基本権が、労使間の契約や合意内容、さらには両者を仲裁する第三者の言説などから構成された合理性によってその効果を失っているとする主張は、職場における規律権力の作用を裏付けるものである。しかし他方で、抵抗不可能な状態として描写された労使関係は、正確には、フーコー的意味での「支配状態」[54]に相当するものである。そして、ムーアの議論自体もまた、今日の労使関係についての社会学的分析に止まったまま、支配されつつある労働者の状況に対して悲観的な展望を示しているに過ぎない。こうした分析は、フーコーの規範的基盤の欠如を批判した論者たち[55]のフーコー像と重なり合うものである。それに対し、私たちは、彼の権力論が提示する問題提起的な批判戦略に重点をおくことで、フーコーの法哲学・政治哲学的構成に意義を見い出すことができる。それゆえ、ムーアのように単なる現状認識の手法としてフーコーの権力論を用いることは、彼の哲学が実践に及ぼす重要な部分を見落とす危険を伴うものであることに注意せねばならない。

法学者と社会学者の陥穽を越えて、法制度とフーコーの権力論との接合を試みた議論として最後に提示されるのは、アメリカのアファーマティヴ・アクション（積極的差別是正措置）を事例として扱ったM・ヤントの論考である。彼は、この問題にかかわるアメリカ国内のリベラル派と保守派の論争に焦点を当てることでアファーマティヴ・アクションの規律権力作用を分析し、そこでの抵抗の可能性について論じている。特に重要なのは、この制度が有する形式的な差別是正効果の陰に新たな黒人差別正当化論が潜んでいるという事実を規律権力論との関係において明らかにしている部分であろう。アファーマティヴ・アクションは、彼の系譜学的探究によって宙吊りにされると同時に、新たな問題化への対応として再提示されるのである。

「手続き上の言葉で規定されてきた諸政策に実体的な正義についての考慮を直接接ぎ木した[56]」とされるアファーマティヴ・アクションのディスコースは人種差別に新たな問題枠組みを設定し、平等や機会均等といった概念を再問題化した。すなわち、入学や就職、職業訓練の際の人種差別を手続きの平等化によって回避するだけでは不十分であり、人種構成比率に応じた割当（quota）の配分によって実質的な平等を確保することが必要とされたのである。しかし、この人種差別をめぐる新たな問題化作業は同時に、規格化や規律化のための新たな対象領域を生み出す結果となった。すなわち、平等の実質部分は、人種比率についての統計だけでなく、産業種別・労働階層別の比較や労働者自身の能力など個人単位の人口統計学を基礎とせねばならなかった。能力のある黒人労働者を十分に活用しているか否かが差別の存否を決する指標と考えられたが、その規準は、統計学や経済学などの社会科学と司法・行政のネットワークによって成立し、それぞれのケースに合理的な期待値が設定された。(57) ここでは、法のディスコースとともに、規準を基礎とする規格化のディスコースが、権力作用の構成要素として機能しているのである。そしてリベラル派と保守派の論争もこの規準をめぐる争いとして編成されることになる。

ヤントは、リベラル・保守両派の見解に検討を加える一方で、それぞれの議論が追求している合理性の問題に着目する。(58) すなわち、アファーマティヴ・アクションに賛成するリベラル派の議論も反対する保守派の議論もともに、この制度にどれだけの機能を持たせるか、黒人への差別や妨害（blockage）をどの程度に抑えるかという合理性の範囲をめぐって展開されている。反対派は、この制度によってもたらされる逆差別（reverse discrimination）などの難点を指摘することでその範囲を狭めようとするが、賛成派もまた「議論を狭い範囲での市場の修正に集中させることによって」[59]、アファーマティヴ・アクションの機能を規定すると同時に制限しているとされる。人種差別解消のための政策であったアファーマティヴ・アクションが、実際には、黒人の成功の可能性を制限し、管理しようとする白人側の戦略と結び付いているとするヤントの指摘は、さらに、伝統的人種差別への対策であったアファーマティヴ・アクションが新しいタイプの人種差別を合理化しているとする議論へと発展する。[60]積極的差別是正措置以後、「黒人は教育や雇用の面で不平等に直面しておらず、経済的格差が存在しているとすれば、それは黒人の自助努力が不足しているためである」とする見解が白人の間の支配的イデオロギーとなったが、そこには人種的感情から切り離された中立的な事実としての人種的差異を見い出そうとする「新たな人種差別」の形態が存在する。そして、このような形態の差別は、リベラル派や保守派の間で交わされた議論とも不可分に結び付いているのである。

　こうした黒人支配に抵抗するため、ヤントは、さらなる積極的是正措置を追加するよう求める。しかし、それは白人側の知識に依拠した修正策ではなく、被害者としての黒人側の知識に依るものでなければならない。つまり彼は、教育内容や雇用規準を黒人側の視点から見直すという徹底した作業が、アファーマティヴ・アクションには要求されると考えるのである。[61]ヤントによって提起された前述の議論は、フーコーの系譜学的分析を十分に駆使したものであるが、それ以上に、人種差別への新たな抵抗戦略を提示しようとする野心的な試みである。また、積極的な差別是正措置が対象領域の問題化と規律化を同時に引き起こすという主張は、最終的な解決の不在を示唆する一方で、権力関係の終わりなき相剋へと私たちを導く。中立的な判断による問題解決の虚構性を暴き、敢えて不調和な状況を創り出そうとする彼の戦略は、法学研究とフーコー哲学との「接合」を目指す私たちにとって極めて重要な意味を持つだろう。

しかし、他方で、ヤントがC・ギリガンに依拠しながら提示する「ケアのパースペクティヴ(care perspective)」(62)は、白人から黒人への一方的な救いにとどまるものであってはならない。さらなる系譜学的探究によって、両者のアイデンティティー形成の相互依存性を明確化し、虐げられてきた黒人の知識と白人の知識との間に一定の相補性を認めることで、それ以後の人種的アイデンティティーの対立を緩和する必要があるだろう。様々な声に耳を傾けると同時に、それらとの積極的なつながりを自らとの関係に見い出していくことが今日の課題として提示されなければならないのである。

4　法的思考と自由の実践
――法・規律権力・抵抗

フーコーと法をめぐる前半の議論及び前節で検討した事例研究から、私たちは、近代以降の法領域が直面しつつある変容過程と直視すべき現実とを明らかにすることができる。そして、それは法と規律権力との関係性を起源とする問題であり、法領域への再問題化を迫るものであるといえるだろう。他方、フーコーの権力論は、伝統的な法の表象を超えて、権力のメカニズムを捉えることに成功したが、それは、私たち自身の自由の実践と不可分に結び付いた「抵抗」の在り方にも再考を促す契機となるはずである。法、規律権力、抵抗、これらの関係を探ることで、変化を続ける法的思考に新たな方向性が示されるだろう。

法は、フーコーが表象として提示した主権者命令説の響きを残しながらも、規律権力への傾きを見せると同時に、近代社会への規律権力の浸透を容易にする機能を担ってきた。法的領域は明らかに、主権者の意志を反映した単なる命令であることを止めて、様々な問題に対処する社会科学的な知識とそれに基づく技術によって秩序を創造し、管理するという規律的作用を自らのうちに取り込み続けている。ムーアが指摘したように、労働者が行使してきた荒々しい権利は、仲裁という新しい制度の登場とともに、冷静かつ計算高い管理と統制のシステムに服する結果となったが、そうした事例は、法的領域が人々を技術によって規格化する舞台へと変容を遂げつつあることを示しているといえるだろう。

さらに注目すべきことに、ヤントによるアファーマティヴ・アクションについての系譜学的研究はこのような変容による法領域での規格化の増大を新たな支配への傾向性として捉え返している。フーコーが述べた通り、法はその前提として形式的で平等主義的な性格を有し、全ての個人に同様の権利と義務を認めているが、他方で、規律権力による諸々の規準やノルムは、各々に個別的に作用することでその行使に制限を課するのと等しい効果を生み出しているのである。黒人の自由を確保するために設けられた法制度が、彼らの自由を制限し、規定してしまうという矛盾に、法はいかなる態度で臨むのであろうか。

「系譜学」による再問題化と「ケアのパースペクティヴ」からの他者理解とを連結させようとするヤントの論考の最終部は、この問題について極めて刺激的な示唆を与えてくれるものであったが、こうした姿勢を基礎に据えながら法システムの再構成を実現していくことは不可能であろうか。法学研究者や法曹などいわゆる法律エリートの言説内部に存在する支配的なイデオロギーを暴露しようとしてきた批判的法学研究のこれまでの議論から一歩踏み出て、それらの言説を労働者や黒人、マイノリティーなどが発する「他者の声」と共鳴させる舞台として法的領域を再構成していくことには十分な可能性が存在しているように思われる。そして、それは法領域の規律化に対抗する有効な戦略であるとさえいえるのではないだろうか。(63)

しかし、このような議論は、紛争解決という法の中枢機能を部分停止させるという代償を覚悟するものでなければならない。なぜなら、中立的な第三者である裁判官が下した判断も、実際には、規律権力のメカニズムから自由ではなく、普遍性を保証された最終的な結論としての地位を確保し得ないということになるからである。精巧に仕立てられた規律権力の合理性に向けて投げ掛けられた「他者の声」は、判決や合意といった法的決定に対し、不安定性や不調和な帰結の可能性を導くことになる。つまり、アファーマティヴ・アクションについての事例で瞥見したように、保守派とリベラル派の論争だけでなく、両者の議論を問題化し得る地平（黒人や他の有色人種の視角）からの批判に焦点を当てることで、常に最終的な決着が遠のくことになるのである。もちろん、ここでの議論は、他者に抵抗の可能性を開くことによって、私たちの間での権力関係を回復し、「動態的自由」の拡大を目指すためのものである。しかし、法的決定が安定や調和を失うということは、法の破滅を意味するのではないかとの批判が提起されるかもしれない。このような批判には、次のような反論が可能であろう。すなわち、この議論は全ての法的安定性を否定しようとするものではなく、人々の批判や反対意見を押し込めてしまう権力のテクノロジーに対して抵抗を続け、その一部に揺さ振りを掛けようとするものである。それゆえ、重要なのは、法的決定の不調和を単なる社会統合の危機と捉えるのではなく、その不調和が示唆している意味を反省的に理解することである。

それゆえ、近代社会においては、国家やその機関への抵抗だけでは不十分であるということになるだろう。法と規律権力とが相補的に機能を分担し、日常生活における規格化の権力が「自分も他人も認めざるを得ない真理の法[64]」を私たちに強いるのだとすれば、今日的な抵抗のスタイルは、『しかじかの』権力制度、集団、エリート、階級というよりもむしろ、権力の技法、権力の形式を攻撃する[65]」という戦略を掲げることになる。こうした抵抗のスタイルは、それ自体として自然法や普遍的真理の観念に導かれて実践されるものでもなければ、悪しき為政者を主たる標的とするものでもない。最も合理的な統治のテクノクラートによってつくられた法律や諸々の政策に対抗するに際して、抵抗する女性や黒人、労働者たちが、そのための後ろ盾となるような絶対的な理論的根拠を自らの実践の拠り所として提起することは不可能である。そうした抵抗は、飽くまで、自らを攻囲する権力形態とその合理性についての問題提起的な実践に限られ、その抵抗が実質的な効果を発揮して受け容れられるか否かは事後的な評価の問題であると考えられる。

フーコー自身が参加し、あるいは讃辞をおくったいくつかの抵抗運動もまた法的領域における規律権力や生－権力への抵抗と密接に結び付くものであった。監獄情報グループの活動は囚人たちに監獄について語らせ、クロワッサン事件(66)では「社会の安全性」を理由とする法的権利の侵害に対して批判的な態度を明らかにしている。私たちは、こうした抵抗運動の効果として、法廷や議会といった法的空間に「他者の声」を可能な限り響かせ、それによって法的思考枠組みの基礎をなす法的合理性への批判的パースペクティヴをつくりあげるという作業に従事していくべきであろう。そして、こうした抵抗運動こそが「他者に服従せず、自らの真理を語るという自己の自由の実践(67)」としての位置を獲得するのである。

＊

それゆえ、フーコーの哲学においてしばしば問題とされる「抵抗の拠点(68)」は、自然法や功利主義的計算ではなく、「自由の実践」それ自体に求められるべきである。しかも、前述した通り、抵抗には、この自由の実践以外の明確な正当化根拠は存在し得ない。また、この問題で重要なのは、自らの不服従を貫くために、敢えて身の危険を冒してまで自らの真理を語ろうとする人々の勇気である。黒人による公民権運動やベトナム戦争での徴兵拒否を始め、フーコーがチュニジアで遭遇した学生運動などを含む抵抗運動は、その全てが自らの生命・身体への危険を顧みることなく実践された自己の真理の主張と異議申し立ての連続であった。こうした抵抗は、普遍的な真理を担保することで自己の安全を確保することなく、どれも深い思慮に基づいた真摯な抵抗と個別的な真理への勇気に支えられていたのであり、そのような人々の姿勢が守旧派の正当化基盤に反省を促し、規律権力の設定した合理性に対する再問題化へと人々を駆り立てたのである。

こうした抵抗についての基本的な姿勢は法的領域についても応用していくことができるだろう。もちろん、こうした抵抗の姿勢が新たな問題領域の客体化と規律化とを同時に招く危険性にも注意を向けていかなければならない。法廷や議会を行き交う言説は、その舞台の一方において他者の声を反響させながら、他方において規律権力を生み出しているのである。それゆえ、私たちは、こうした抵抗の言説に対して常に耳を傾けると同時に、反省的な考慮を働かせ続けていかなければならないのである。

第八章　権利の新しい形態について

フーコーは、少なくとも二つの場面で「権利（droit）」について語っている。一つは彼自身の著作や大学での講義など比較的平穏な場所で、もう一つは実際の政治行動の場面で[1]。しかし、語られる状況や場所とは関係なく、彼が駆使する「権利」という言葉は、私たちが依拠してきた権利概念とは異質なもののように思われる。それは明らかに、彼の権力論との間に対応関係を成しており、法的権力モデルへの批判的態度を意識したかたちで構成されている。本章では、権力論との関係を軸に「権利」に対する彼の見方を明らかにし、自由や抵抗といった概念との連関について検討を進めたいと思う。しかし他方で、「権利」という言葉からは払拭され得ない法的権力モデルのニュアンスや「権利主体」と規律権力との関係、権利の正当化根拠の不在、人権論との不調和などを理由に、彼が権利について語ることの困難を指摘する見解も存在する。それゆえ「フーコーはいかにして権利を論じ得るのか」という問いに応答することが、ここでのもう一つの課題となるだろう。

1　法的権利と「新しい権利」(2)

フーコーは政治哲学の伝統的な問題設定を次のように定式化している。すなわち、それは、「真理のディスコース、あるいはもっと率直に、真理のディスコースの典型として理解されてきた哲学がいかにして権力の諸権利に対して制限を課することができるか(3)」というものであった。この問いに答えようとする法哲学者や政治哲学者は常に権力の外部に位置し、権力を制限するための普遍的諸原理（万人のための正義と真理）の探究を続けてきたのである。こうした問いの形式において、私たちは権力対真理（或いは権力対正義(4)）という見慣れた対立図式がそのままのかたちで維持されていることに気付くであろう。

それでは、権力と権利はいかなる関係のうちにあるのだろうか。フーコー自身が「西欧において、権利とは国王の指揮命令権である(5)」と明言しているように、彼は、権利という観念が王権や主権という中世以来の枠組みにおいて理解されてきたことを指摘する。特に、彼は一二世紀におけるローマ法の再活性化に言及しながら、以後のヨーロッパ諸国が法の中心に君主の残像を保持し続けてきたことを強調している。このように解された「権利」は、それゆえ主権者の権力の正当性を定位する理論として構成されることとなった。彼は、そうした構成が二つの手法を伴っていることを明示している。(6) その一つは、君主を主権の効果的な体現として提示し、その権力が君主の基本権に合致しているとする論法、もう一つは、主権に権利のルールを課すことで、その権力に制限を設け、権利のルールの範囲内での権力行使については正当化し得るとする論法である。前者は主権者の権力行使を積極的に正当化するものであるのに対し、後者はその限界画定による消極的な正当化として位置付けられるだろう。いずれにせよ、彼は中世から今日に至る権利論が主権の正当性を論証する一連の試みとして存続してきたことを確認する。

権力・真理・権利についての以上のような図式は権力に対する真理の優位を前提とするものである。そして、権力の限界領域を画定すると同時にその正当化をもくろむ「権利」についての言説は、真理のディスコースの側に位置しているといえるだろう。同様の議論は、近代以降に形成された法や権利についての言説にも妥当する。なぜなら、権利は主権的個人の行為を正当化する最終的な根拠として提示され、そこでは権利間の調和を図る権利制限の諸ルールの遵守が常に権利の正当な行使を担保しているからである。

これに対し、フーコーは、権力が真理を産み出すとする自説を前面に押し出すことで伝統的な問いの形式から離れ、権利の位置付けについても全面的な変更を企てる。彼が提起した新たな問題とは次のようなものである。すなわち、それは「真理を産出するために権力関係が用いる権利のルールとはいかなるものか」(7) という問いである。ニーチェの系譜学的思考を踏襲したフーコーは、真理が権力に優位するというアリストテレス以来の伝統的思考を退けることで真理の出自を権力の諸関係に求めたが、[8] それは必然的に従来の権利概念の転倒を招く結果となった。彼の理論では、「権力」は一方（君主）から他方（臣下）へ行使される個々の暴力や圧力といった形態を取らずに、社会全体に浸透した戦略的関係というかたちで構成されている。つまり、権力はある事柄を禁止・命令するだけではなく、社会全体を方向付け、それに合わせて個々人の存在様式を産出し、規定するという積極的な機能を果たしているのである。そこでは当然、真理は権力の正当化基準という伝統的な位置付けを離れて、全体的戦略のための指針と個別的な管理の規準としての知識を供給することになる。この意味で、真理は権力の側に包摂されるのである。

真理が権力によって産出されるとする彼の主張は、権利の内実もまた権力の諸関係に従うということを含意している。つまり、権利は真理や正義といった普遍的基盤に依拠して権力を正当化するという従来の枠組みから外れて、全体的戦略としての権力関係の言説として規定されることになる。このような権力形態（具体的には、規律権力や生―権力として語られる）は、人間科学や社会科学的な知識を援用することで誰もが疑義を挟み得ない真理や規準を産み出すと同時に、それらを個々人に内面化することで抵抗不可能な支配状態へと社会を移行させる力を持つ。それゆえ、権利を権力関係内部の問題として再構成したフーコーは、次のように問うことから「権利」の探究を試みることとなる。すなわち、「権利は一般的に、なぜこのような支配の道具であるのかというだけでなく、――それは自明である――いかにして、どこまで、どのような形態の下で、権利は（…）主権の関係ではなく支配の関係を伝え（véhiculer）、利用しているのか」[9] と。

このような理論的問題構成は「権利」を権力の支配戦略との関係で捉えようとするものであり、法的権力モデルあるいは伝統的な主権理論に依拠する法的ディスコースへの批判として提起されている。しかしながら、主権理論において主権者の権力を正当化する根拠であった「権利」が、今日においても主権者たる市民の自由な行為実践を成立させる法的論拠として受け継がれている事実は否定し得ないだろう。フーコー自身も、主権者の権力を中心的に扱う主権理論が一九世紀の法規範を構成する主要な原理として機能していたとする見解を認めている。[10]それでは、いかにして、近代における「権利」の概念を支配戦略として位置付けるのであろうか。ここでは、自らの権力論に対してなされた彼の歴史分析による裏付けが重要な意味を持つことになる。

フーコーは、一六世紀から一七世紀にかけて現れ始めた新たな権力形態の重要性を強調している。この権力形態は従来の主権理論とは異なる思考枠組[11]みによってのみ捉え得るものであり、それは規律権力あるいは規格化という言葉で表現された。規律権力においては、諸個人の行為を正当化する絶対的な根拠としての権利という観念もなければ、主権という権力の中心も存在していない。前述した通り、彼によれば、真理は社会や政治領域などで展開される権力関係によって産み出され、規律権力は諸個人を個別的なノルムに合致した「主体」へとつくりあげるのである。したがって、自由や平等といった概念の実質的部分もまた、ノルムや規準によって仔細に決定され、それにより規律化されるのである。また、フーコーは、このような規律化が「主権の民主化[12]」に資するものであったと考えている。市民革命以後、主権は諸個人に公的な権利を認めることで法律上の民主化を果たしたが、その民主化の基盤は規律権力のメカニズムによって支えられていたとするのである。もちろん、これは、法的権利が規律権力という基礎構造を不可視にするための単なる「覆い」に過ぎないとする立場ではない(13)。「自由を発見した『啓蒙時代』は、規律・訓練をも考案したのだった(14)」という言葉どおり、主権的個人に賦与された諸権利と規律権力とは近代社会を担う二つの柱として同時に存在することとなる。したがって、法的権利と規律権力との関係は次のように説明することができるだろう。すなわち、主権者としての個人に配分された法的権利の実相は既に規律権力の客体であり、諸個人の自由は発見された当初から調和的帰結を導くよう規格化による一定の枠付けを施されていたのである、と。

それゆえ、主権理論から導かれる「権利」と規律権力が駆使する「規準」とは、全く異なるディスコースに依拠するものでありながら、近代社会の権力を機能させる動因として相互作用を繰り返すのである。そして今日では、規律権力が法的領域への浸透を続けているため、権利は主権者の行為の正当化根拠という元来の機能を変貌させつつあるとさえいわれる(15)。権利の実質が、規格化や規律作用あるいはそれらを構成する知識（人間科学や社会科学の知）によって予め規定されたため、伝統的な意味での権利という概念が人々の行為を正当化することは不可能となっているのである。また他方で、規律権力の断続的な作用によって、個々人が各々の規準やアイデンティティーに適合した「主体」として形成されることから、権利は主権的個人の行為を敢えて正当化する必要もなくなる。その結果として、権利は設定されるべき正当性という観点からではなく、フーコーが提起した規律権力と同様、支配への戦略という観点からの分析を要するのである。例を挙げれば、「言論の自由」によって言論行為が正当化される以前に、言論内容（あるいは言論編成の思考様式）や言論主体が規律化されている場合、言論の自由は言論行為を正当化する機能としてではなく、規律作用による言論支配との間にいかなる関係を有するか、という視角から再考を迫られることになるだろう。

しかしながら、フーコーによって照射された規律権力が近代社会の全領域を覆っていると考えるのも早計である。既に指摘した通り、私たちは主権を中心とする法的権力と規格化をおこなう規律権力という二つの権力システムが同時に作用する社会で生活している。そして、今日最も重要な課題は、これらの権力に対して私たちがいかなる形態の自由を主張し、抵抗のための土台を構築し得るかということである。一方から他方への権力行使を想定する法的な権力モデルについては、諸個人の行為の正当化理由を探究する権利論（特に現代リベラリズムの議論）が有効な手段として存在しているが、規律権力についてはそのような自由の根拠を設定する試みが難しい状況にある。それゆえ、後者の権力形態についてはその対応を考えていく必要があるだろう。これについて、フーコーは二つの方向を示している。一つは主権原理に基づく古典的権利論への回帰であり、もう一つは規律権力に対抗するための「新しい権利（nouveau droit）」[16]の形態を創出するという途である。しかし、従来の権利論と規律とが支配戦略として巧みに嚙み合っている社会において、前者の対応は益々抵抗を困難にすることが予想されよう。例えば、健康への権利や幸福追求権といった一般に認められつつある権利概念が、伝統的な権利論ではなく、今日の規律権力作用の中で産み出され、健康その他の生活全般について規格化を促進する権力構造の一部を形成していることは看過し得ない事実である。[17] これは、古典的権利論が多くの部分で規律権力とその規格化作用の影響を受け続けてきたといわれる所以であろう。[18]

結論として、私たちは規律権力に抵抗するための「新しい権利」の形態を探究することになる。しかしながら、主権理論や法的権力モデルなどに対するフーコーの批判と「新しい権利」の探究とは論理的に一貫したものといえるのであろうか。果たして、フーコーは、いかなる形態であれ「権利」という手垢の付いた概念を用いて、人々の新たな生存の在り方を主張することができるのであろうか。彼の「新しい権利」論の内容について追究する前に、私たちはこれらの問題に対して検討を試みなければならない。

2　権利への言及に対する批判

1　権利と権利主体

法的権力モデルやそれに由来する法的権利への批判から、フーコーが「権利」という言葉を使用することの困難を指摘する立場も存在する。しかし前節で示した通り、彼は法的権力や法的権利の不在を説いているのではない。むしろ、フーコーはこうした権力と複合的に共存している規律権力を明るみに出すことで、その危険性を告発しているのである。それゆえ、彼の議論の中に法の否定や法の排除[19]という性質を見い出すことで、「権利」への言及の不可能性を単純に論証することはできない。

このような議論からは区別される批判として、「権利」と「権利主体」との関係に着眼したものがある。[20]この批判によれば、「権利」という法概念は常に権利を所有する「主体」を前提しているために、フーコーがたとえ「新しい権利」に訴えることができたとしても、その試みは、規律権力の対象である「主体」の新たな形態を再規定することでしかないということになる。つまり「新しい権利」という彼の議論は、法的権利に密着していた規格化や規律権力の問題を解消するものではなく、新たな段階の規格化を再生産する言説として機能してしまうというのである。

近代法の理念は、一般に、全ての人間を権利の主体として平等に取り扱うことを理想としてきたが、実際には、様々な要件を満たし、制限に服すのでなければ、権利主体としての地位を確保することはできない。これらの要件や制限は、フーコーが「下位の法律」と名付けたものに等しい。すなわち、精神病患者や子供、老人（特に痴呆症の老人）などを「無能力者」として定義することで一定の権利制限をおこなったり、犯罪者への資格制限、居住外国人の選挙権に対する制限など、標準から逸脱した人間に対しては法的権利主体としての地位が否定され制限されるのである。[21]私たちはこのようなメカニズムの下に法的権力と規律権力との間の独特の接合形態を目にする。そして、社会が「標準的（normal）」と認めた個人にのみ「権利主体」という資格が賦与されるのであるとすれば、フーコーの提示する「新しい権利」という概念もまた、主体の規格化を押し進める規律権力への対抗手段とはなり得ないということになるだろう。

こうした批判について検討を進めるために、私たちは、フーコー自身が「権利」という言葉に言及した実際の場面に目を転じていく必要がある。彼は政治行動の現場でしばしば「権利」について語っているが、それらはテロリストに加担したとされる弁護士や囚人、ベトナムのボート・ピープルといった人々に対して語られたものであった。つまり彼は、社会が「正常」とは認めようとしない人々、「標準」から逸脱した人々について「権利」を主張していたのである。それでは、いかなる意図の下に、フーコーは権利を持たない人々に権利を持たせ、権利を語ることのできない人々に権利を語らせようとしたのであろうか。

明らかに彼は、法的権力と規律権力とが一定の結合を遂げることによって実現している支配戦略への対抗手段として「権利」という言葉を使用していた。つまり、彼は「権利」という概念を使用することによって、新たな法の体系をつくりだそうとしているわけでもなければ、危機に瀕した人々に法の例外措置を認めるよう要求しているわけでもない。また、彼の権利主張は、自然権論と社会契約論の組み合わせから説明される「抵抗権」の思想とも淵源を異にしている。なぜなら、フーコーは抵抗を支持する普遍的な権利や正義の存在を確認しようとはしていないからである。(22) それゆえ、彼の権利主張は、あくまで「現在あるものに対する挑戦（défi par rapport à ce qui est）」(23)

としての「批判」の域を出るものではない。こうした点からも、彼の権利主張が反―規律権力のための戦略的な権利論であったことがわかる。[24] それは、従来の権利論が前提としてきた「権利主体」の基準を逸脱した人々について「権利」を語ることで、権利主体を規定し、それに見合った個人を産み出してきた規格化の諸実践に異議を唱えるための戦術であるといってもよい。この意味で、フーコーの権利論は、新たな権利主体を確定しようとする規律権力の枠組みを常に逃れるものであることは間違いないだろう。「権利主体」としての諸条件を逸脱している人々に「権利」を語らせることで、彼の権利論はいかなる場面でも法的権力論に付随する規律権力の主体形成機能を問題化することができるのである。つまり、フーコーの「新しい権利」論は、それが現在への挑戦として存在する限りにおいて、規律権力への批判的地位を喪失することはない。しかしその一方で、彼の立場はどこまでいっても「主体」の規格化に対するパルチザン的な再問題化に止まり、囚人やボート・ピープルたちの「権利」について積極的な主張を含み得ないのではないかという疑念が生じる。

権利を積極的に主張するということの意味は、相手方に従うべき義務の観念を喚起するということに他ならない。このような義務の喚起をフーコーの権利主張の中に見て取ることは不可能であろうか。自己の権利主張が他者の義務を発生させるには、当該権利についての両者の合意あるいは全ての人間を拘束する普遍的妥当性が要求される。もちろん、フーコーの権利主張はそのどちらも満たすことはない。彼が提示する「権利」は、多くの人々によって無視されてきたものであり、それらの「権利」は長い間ローカルな主張として軽視され続けてきたものであった。それゆえ、彼の権利主張は、相手方の義務を喚起するどころか、呼び掛けへの応答さえも即座に引き出す根拠に欠けているといわざるを得ないだろう。

現代リベラリズムの権利論とは異なり、フーコーの権利論は、法的に安定した「権利」概念を「権利主体」（あるいはそれを産出する規律権力）という観点から宙吊りにしようとしているため、権利の効果的な使用を実現することができない。つまり彼の主張は、権利に訴えながら権利の根拠を揺さぶるものであるために、その効果を半減させてしまっているのである。しかし彼は、その権利主張の全てを単なる戦術としてのみ解しているわけではない。規律権力に対抗し、それを拒絶することだけが目的であれば、フーコーは「権利」という概念を用いる必要はなかったであろう。言い換えれば、彼が敢えて「新しい権利」を主張したのは、そこに何らかの積極的な規範への訴え掛けを実現しようとしていたためであると考えられる。フレイザーの言葉を借りれば、彼の権利論は、戦略的拒絶主義（strategic rejectionism）を超えて、規範的拒絶主義（normative rejectionism）の色彩を帯びていたと言うことができるかもしれない(25)。しかし、フーコー自身が、普遍的な正義や真理を唱える従来の知識人の在り方を批判していたことからもわかる通り(26)、彼の権利論は、人々が有するべき普遍的な権利・義務を自ら明示しようとする試みとは考え難い。それはむしろ、特定の立場にある人々から発せられた「個別的権利（droits singuliers）」として解されるべきものである。一定の個人像や抽象的主体を想定した後に、諸個人の権利・義務を配分しようとする契約説的権利論とは異なり、フーコーの権利論は、現実の個人が既に存在する社会的コンテクストにおいて自ら

権利を主張するという形式を取っている。すなわち、彼の議論では、権利の主体は権利を発議する主体と同一なのである。(27)

一般に、正義や契約を基礎として賦与される権利を人々が主張することは、彼らの権利上（de jure）の行為として理解されるが、いまだそれらによって賦与されていない権利を主張することは事実上（de facto）の行為としてしかみなされない。もちろん、未認定の権利を主張することと行使することは別の次元にあり、その強行行使はエゴイストの所業である。このような区別に従えば、フーコーの権利論の中心は、未認定の「権利」を各々の立場から主張していこうとする戦略として定義されよう。しかし、彼は「権利」という概念を全て単なる事実上の問題に還元しようとしているわけではない。あくまで「権利」という観念が人々に喚起する規範的側面を維持しながら、新たな権利主張をおこなうのである。(28)

したがって、フーコーの権利論は、権利主張を通じてなされる規範的価値の創造的実践としての側面を併有するものとして位置付けられよう。それは、法的権力と規律権力との組み合わせによって支配状態におかれてきた人々を再び自由の実践を基礎とする権力関係の舞台へと連れ戻す作業に他ならない。それゆえ、規律権力による「権利主体」の規格化に対抗するための彼の戦略は、こうした権力形態を否定するという消極的な意味での「批判」にとどまるものでは有り得ないだろう。対抗戦略としての権利主張は、その創造的批判実践自体が、フーコーの提示する「実践的自由」へと人々を導くのである。

2　人権をめぐって

私たちが次に直面するのは「人権」という観念に関する問題である。すなわち、フーコーが提起する「権利」の観念は、一般に「人権」と呼ばれているものとの間にいかなる関係性を有するのであろうか、という問いが発せられる。フェリとルノーは、フーコーを含む「六八年の思想」全体を「反─ヒューマニズム」という範疇で括ることによって、そこに人間の普遍的価値としての「人権」といった観念が入り込む余地のないことを示唆した[29]。彼らは、『言葉と物』における人間の消滅や主体概念の脱構築などを理由に、フーコーが権利や人権について主張する根拠を欠いていると考えたのである。しかし、このような批判に対しては「大文字の人間（Man）を問うことは、人間（man）そのものを消滅させることではない[30]」と応えるのが適切であろう。彼が人間主体の観念について試みた批判は、キリスト教ヒューマニズムやマルクス主義ヒューマニズムと大文字の人間主体との間の特異な結合形態に対するものであり、全ての人間主体の可能性を否定するものではない[31]。それゆえ、「人間」概念に対するフーコーの批判自体が反─人権的な言説や野蛮な行為を生み出す源泉とはなり得ないことは明らかであろう。

そうした議論とは別に、ここで取り上げられるべきもう一つの論点は、フーコーによって提起された「個別的な権利」という概念が「人権」という前国家的な普遍的概念を暗黙の背景としているのではないかという問いである[32]。そして、この問いは必然的に、二つの概念が秘密裡の結び付きを有するのではないかとの疑念へと拡大するだろう(33)。

既に見たように、フーコーは人類にとっての普遍的価値として存する「人権」の観念には批判的である。なぜなら、真理や正義についての言説と同様、「人権」もまた権力関係のメカニズムを経由しなければ成立し得ない観念として把握されているからである。人権の普遍性を確保するために、こうした現実のメカニズムを覆い隠し、その基盤を人間本性やその自然な傾向性にのみ求めるならば、「人権」という観念は彼が提起する再問題化のプロセスを決して受け容れることができないだろう。それゆえ、フーコーが「人権」を口にするためには、その概念が少なくとも、私たちにとって批判可能な対象として構成されていなければならない(34)。他方、「個別的な権利」という考えは闘争の個別性に由来するものである。すなわち、ここでの権利主体は、普遍性を有する抽象的な主体ではなく、個別具体的な「闘争の中の主体（subject in battle）(35)」を意味している。それゆえ、フーコーが提起する「権利」概念は、闘争を超えて存在するものでもなければ、調停を実現するための普遍的規範でもない。この意味で、彼の権利論は、法律家や法学者が描いてきた「人権」についての表象から最も遠い所に位置するといっても過言ではないだろう。

以上の確認から、「個別的権利」と「人権」との間に直接的な結び付きを認めることは不可能であるという結論に達する。しかし、両者が全くの無関係であると結論するには至らないだろう。なぜなら、フーコーが「個別的権利」として提起している権利主張は、私たちが「人権」という観念によって理解している権利内容と大きく異なるものとはいえないからである。ボート・ピープルのために発議された「新しい人権」宣言に目を配れば、彼の権利論がフランス人権宣言以来のコンテクストを下敷きとしていることは否定できない。フーコーが現実の政治行動においてリベラリズムの立場を堅持し続けたとする見解も、そうした事実を映し出すものとして受け取られよう。私たちは人権をめぐる言説の外部へと一足飛びに出ることはできないのである。それでもなお、彼の権利主張が個別的な性格を維持しているとすれば、それは「権利」が発議される個々の状況に立ち返って、フーコー自身が「権利」の再構成を試みていたためであろう。すなわち、普遍的な言説として提示された「人権」についての抽象的な観念を個別的な闘争の場面において単に当てはめるのではなく、彼は再度それを立ち上げているのである。「社会の安全性」などを理由に少数者の人権が侵害された場合には、そうした判断に対する個別的な闘争を通じて彼らの「権利」が主張されるが、それは同時に普遍性を主張する「人権」の再問題化と再構成というかたちを取って現れることになる。そして、この過程を経由することによって初めて、人権概念が前提としてきた普遍的人間像も再考を促されることになるのである。

したがって、彼の主張する「個別的な権利」は普遍的な人類共通の人権感覚に訴え掛けるというものではなく、そうした感覚の固定性を突き崩そうとするものであったと言えるだろう。それゆえ、「個別的権利」は「人権」概念の有する普遍的基盤を直接の背景とするものではないが、そこから多くを受け取り、その再問題化を促す契機として機能するものと考えられる。さらに付言すれば、こうした権利主張こそが、新しい生存の形態を切り開くための道具として効果的に機能する可能性を有しているように思われる。

3　フーコーにおける「権利」と自由

近代社会は、法的権力モデルを「権力」の主たる表象とする一方で、規律権力が機能する領野を益々増大させている。こうした事態を前に、フーコーは法的権力形式に基礎を持つ「法的権利」との間に一定の距離を保ちながら「新しい権利」の形態について考えるという方向性を打ち出した。前節で論じた批判への応答から、彼が実践の場面で言及した「権利」概念の外観を読み取ることができるだろう。すなわち、それは法的権利主体の生成と規律権力との関係に十分な注意を払い、その規格化作用への抵抗を試みながら事実行為としての権利主張を通じて既存の権利形態を創り変えていくという側面を有するものであった。

フーコーの権利論は彼の権力論との間に対応関係を維持している。それゆえ、彼の権利論もまた「契約モデル」への批判と「戦争モデル」の導入とによって特徴付けることができるだろう。(36)第一章で概観した通り、フーコーは社会契約論に代表される権力の「契約モデル」を次の二点で批判している。すなわち、第一の批判は、権力を実践的関係ではなく「事物」との類似性において捉えている点であり、第二の批判は、普遍的な存在としての権力主体を予め想定しているという点である。これに対しフーコーが掲げたパースペクティヴは、日常の生活を含む広範な現実領域を戦略的ゲームの場として捉え、そこでの行為実践を内的視点から把握しようとするものである。このような構成は権力の「戦争モデル」として定式化されるが、その最も重要な点は「権力」が歴史的―政治的ディスコース[37]によって語られるということである。これは、普遍性を志向する外的視点に立脚した哲学的―法的ディスコースとは異なり、現実に戦争を闘う当事者の位置から語られる言葉に焦点を合わせる試みである。それゆえ、フーコーは、全ての主体や社会関係について普遍的に適用される「合理性」を退け、各人が具体的な状況において直面する相手方との関係や自らの位置する社会的文脈を重視し、そうした場面での戦略的合理性を主張することになる。

「権利」をめぐる問題についても、この戦略的合理性が大きな意味を持つ。フーコーは、ピューリタン革命期の水平派らによって語られた「権利」に着眼し、その概念が歴史的な基礎を有する一方で、政治的には脱中心化されていたことを確認する。[38]つまり、「権利」は個々の戦争の勝者や征服者たちによって主張されたものであり、そうした歴史的文脈から遊離したかたちで普遍的かつ中立的な権利概念が提示されるという発想には与さないのである。もちろん、彼の議論は「権利」を勝者のためのものとするようなリアリズムの戦争論をそのまま肯定するものではない。ここで重要なのは、むしろ「権利」という概念が個々の具体的なコンテクストにおいて思考されてきたものであり、各人が自ら個別的な主張として構成し得るものであるとする認識である。それゆえ、彼の権利論の特徴は、既に示唆した通り、「権利」への視座を普遍性から個別性へと移行させた点に求められよう。個々人が「普遍的主体」という地位に従属することなく、各々の位置する状況に応じて、個別的な合理性を根拠としながら権利主張をおこなうのである。異議申し立てをする権利の絶対的根拠として、フーコーが「人々の不幸」(39)という主観的条件を掲げたのも、こうした個別性を基礎とする彼の権利概念に由来するものと言えるだろう。

このような彼の権利論は「権利を最も必要としている人々に権利が賦与されていない」というパラドキシカルな状況に直面している近代以降の社会政治関係において大きな意味を持つものと考えられる(40)。ボート・ピープルの例を挙げるまでもなく、フーコーが関与した多くの政治行動は、こうした人々がいかにして自らの「権利」を主張し得るかという問題と常に関わっていたが、「個別的な権利」という概念を持ち込むことで、彼は法的権利主体としての地位を喪失した人々や規格を逸脱した人々の権利主張を可能にするのである。私たちは、ここに「法的ではない仕方で、法的な概念を引き起こす(41)」という彼独特のスタイルを認めることになるだろう。

しかし他方で、各人が「個別的な権利」を主張できるよう設定するフーコーの試みは、権利の氾濫や権利間秩序の崩壊といった問題を生じさせるのではないだろうか。権利を持たない「弱者」を議論の舞台へと上げることには賛同できても、彼らが主張する権利の全体を私たちが受け容れることとは到底不可能である。この問題については、権利間の調整や均衡を図るための有効な道具（規範的判断基準）をフーコー自身が提示していないために、しばしば批判の的とされてきた(42)。しかし、規範についての普遍的規準を設定することの弊害を見抜いていた彼の思索から、権利主張を秩序付けるための普遍的視角を構想することはそもそも矛盾している。こうした規準を満たさないローカルな主張を抑圧することによって成立している「権利の標準」を打破し、権利主張の可能性を拡大したことをもって、私たちは、彼の権利論の成果とみなすべきであろう。

それでもなお、彼の権利論の帰結を問うとすれば、それは「最終的解決の不在」という言葉によって結論付けられる。一つの権利主張に対して別の権利主張が対峙するという状況が続くことは、権力と抵抗の同時存在(43)を視野に入れて権力論を論じていたフーコーにとって驚くべき問題ではないだろう。各人がそれぞれの位置から個別的な権利を主張し、規格化によって固定された社会秩序を再問題化する契機を常に維持するのでなければ、権力関係を基礎とする実践的自由や動態的自由の観念は成立し得ない。言い換えれば、他者の権利主張の可能性を開き続けることが、人々の自由を実現していくための条件となるのである。それは、他者存在が自己の自由にとって不可欠であったのと同様(44)、自己の権利主張とは異質な権利主張を耳にすることによって、初めて、自己の権利主張が自らの自覚的な吟味の対象として構成されることを意味している。

そうした権利論と自由論の不可分性が存在する一方で、「最終的解決の不在」は権利主張へのインセンティヴを喪失させるのではないかという問題もまた指摘されている(45)。確かに「個別的な権利」の闘争がいずれかの側の最終的な勝利か和解による調和的な解決を見るのでなければ、人々は日常的なレベルでの抵抗によって全面的な解放を得ることはできない。自らの権利主張もいずれは再問題化の俎上に載せられてしまうことが予め宣告されているとすれば、諸個人は最終的な解放を期待できない以上、抵抗を実践する動機を失うことになるだろう。このような問いに対して私たちが提示し得る応答は、フーコーが強調していた「自由」の観念以外には考えられないだろう。[46] つまり、最終的な解決が不在であっても、当面の敵と向かい合い、一方が他方を服従させるという状態を回避すべく、闘争関係を維持していくという姿勢のみが、人々の自由を存続させるのである。

4　「個別的な真理」を語り続ける権利

これまでの議論で、私はフーコーの権利論を手掛かりに、非―権利主体として規定されてきた人々が個々の状況に応じて「個別的な権利」を主張することの重要性を指摘した。それは「権利を有するか否か」という法の画一的な判断基準を離れて、権利主体を産出する規律権力そのものに抵抗し、法的権利による枠付けを逃れた新しい生存形態を創造するための試みとして位置付けられる。しかし他方で、フーコーが「新しい権利」という言葉によって具体的に想定していた行為実践については、いまだ明らかにされていない。本節では、彼の「権利」をめぐる主な議論を辿ることによってその内容を解明したいと思う。

先述したように、フーコーが「権利」についての具体的な言及をおこなったのは、囚人救済活動やボート・ピープル支援のためのNGOへの参加などを通じてであった。監獄情報グループ（G.I.P.）の設立[47]について、彼は次のような説明をしている。

監獄についての情報はほとんど活字にされていない。それは私たちの社会システムの隠された領域の一つなのであり、私たちの生活の暗部の一つなのだ。私たちは監獄について知る権利（droit de savoir）を有しており、それを知りたいと思っている。これこそ、私たちが、裁判官、弁護士、ジャーナリスト、医師、心理学者とともに「監獄情報グループ」を結成した理由である。[48]

こうした説明に加えて、彼はさらに別のインタビューで、[49] 監獄情報グループが共有する唯一の合い言葉として「拘禁者に語らせろ（La parole aux detenus）」という表現を挙げている。これら二つの発言から、私たちは、このグループの結成が囚人の「語る権利」を確立することで、私たちの「知る権利」を保障しようとする試みであったことがわかるだろう。また、ボート・ピープルを支援するために、ジュネーヴで発議された「新しい権利」の中でも、フーコーは私たちの権利を生じさせる第三の原理として無名の諸個人が有する「権利」の内容に踏み込んで論じている。

アムネスティ・インターナショナル、人間の大地、そして、世界の医師団が、新しい権利――一人一人の個人が政治と国家間の戦略の秩序に対して、積極的に口出しをする権利（the right of private individuals actually to intervene in the order of politics and international strategies）――を創出してきた首唱者である。政府が自らの独占支配を維持しようと望む現実世界にこそ、諸個人の意志は自らを刻み付けて行かねばならない。そして、私たちは、その独占権を毎日少しずつ引き抜かなければならないのである。[50]

これら二つの議論からも「権利」に関わる彼の主張が常に「語る権利」として構成されていることに気付くだろう。そこでは、囚人や難民らが各々のおかれた個々の状況についての真実を自らの言葉で語る権利こそが問題となっているのである。支配と服従の陥穽を回避するには、権力・真理・権利のトリアーデによって封じ込められた彼らの「個別的な真理」を抵抗の準拠点としながら語り続けること、異議を唱え続けることが重要な意味を持つ。[51]もちろん「個別的な権利」は飽くまで個別性を維持し続けるのであり、論争において予め特権的地位を有するポレミシスト(polemicist)とは異なっている。[52]この権利は個別的な真理を語り続けることによって社会に作用し、私たちの思考に変化を促すのである。

それでは、ここで提示された「語り続ける権利」とは近代憲法の文脈に位置付けられる「表現の自由」との間にいかなる差異を穿つのであろうか。憲法が保障する基本的人権の中でも特に重視されてきた表現の自由は、市民の言論活動に対する国家権力の干渉を排除し、政府への自由な批判を確保するために規定された基本権である。この基本権が十分に擁護されている近代国家において、私たちは言論行為を正当化するための新たな権利形態を必要としてはいないようにも思われる。しかしながら、権力の諸関係によって「真理」の産出や「権利主体」の規格化がなされるとするフーコーの権力論によれば、国家権力などによる言論妨害や検閲に歯止めを掛けるだけでは不十分だということになろう。なぜなら、個々人の言論を最も強く拘束するのは、真実と虚偽あるいは正常と異常とを分割し秩序付ける「真理体制」であり、この真理体制による支配に対して抵抗を続けていく必要が生じるからである。私たちは自らの実践的自由を確保するために、真理が産出される権力関係の諸過程に対して批判と再問題化とを提起せねばならないのである。国家権力を念頭においている「表現の自由」は、この点について規格化や規律権力への抵抗戦略たり得ないと考えられる。それゆえ、フーコーは「個別的な真理」を語り続けるという「新しい権利」を提起するに至ったのである。私たちは、「真理」についての系譜学的批判から「新しい権利」の創出という新たな段階へと向かうことで、これまでの批判を実効化するための舞台を得ることになるのである。

＊

ここまで概観してきた「新しい権利」をめぐる議論は既に明らかなように、彼の権力論を補完する役割を果たすものであった。それは、真理と権力を背景とする権利のルールによってつくりだされた支配体制への抵抗の道具として位置付けられる。確かに、フーコーは「闘争する主体」に成り代わって代弁する知識人でもなければ、代替案を準備する理論家でもなかった。しかしその一方で、彼は支配状態への傾きと私たちの社会の危険性とを明らかにした後に、抵抗や批判を続ける人々のための新しい倫理を提供しようと努めていたのである。(53) したがって、私たちは、社会を支配状態から権力関係へと引き上げるために彼が掲げた「新しい権利」を各人の立場から行使することによって、初めてフーコーの権力論が有する実践的意義を現実世界へと生かすことができるのである。

第九章　「個別的な真理」を語り、伝えるために
——監獄改革における知識人と法律家

規律権力による権利主体の規格化や制限に抵抗するため、フーコーは、個人がそれぞれの状況から各々の「個別的真理」について語り続ける権利を主張した。そして同時に、彼は、そうしたローカルな言説を語り、伝えていくための空間をいかに形成するか、という困難な課題にも目を向けている。彼が中心となって設立した「監獄情報グループ（G. I. P.）」は、その課題に応えようとした一つの試みとして位置付けられるだろう。本章では、このグループの活動に注目して、「新しい権利」に対する哲学者や知識人と呼ばれる人々の姿勢や倫理的態度について検討する。さらに、アメリカで展開された「制度改革訴訟（System-Reform Litigation）」による監獄改革に着目しながら、司法過程において囚人たちの「個別的真理」を伝え、彼らの主張に応答していくための法律家の在り方について検討を進める。監獄改革に関わるこれら二つのケースについて考察することで、「新し

い権利」を実践する過程における知識人や法律家の役割、あるいは彼らが抱える困難な課題について明らかにすることができるであろう。

1　フーコーと監獄情報グループ

1　活動のスタイルと知識人の役割

監獄情報グループの成立過程は、フランス国内における政治的事情と深く関わっており、その発端は一九六八年の五月革命で収監された囚人たちによるハンガー・ストライキ（一九七〇年）に見ることができる。彼らは定員の二倍以上もの既決囚を詰め込んでいた当時の監獄環境に対する不満と政治犯への特別扱いに対する抗議とを理由に監獄の政治問題化を開始したのであった。囚人によるハンストは監獄外からの支援も得て、一九七一年には赤色救援会（Secours Rouge）によるデモにまで発展した。こうした状況の中で、監獄についてのより一般的な議論が可能になったと言われている。

フーコーはD・ドゥフェールの発案を受けて監獄情報グループを発足させるため、自らその宣言書を読み上げている。(1) このグループの目的は概ね次のように要約できるだろう。すなわち、それは「監獄についての理論を提供することではなく、囚人たちの獄中体験を収集すること、そして囚人たちが具体的な要求を表明し、自らのおかれた生存条件を報告することができるように、発言の機会を提供すること」(2)である。ここでいわれている体験や生存条件とは、囚人の生活一般に止まらず、看取の生活や施設・建物、食事、衛生状態、内部規則、身体検査、作業場など具体的に監獄の中で生じている事柄すべてに関わるものである。またそれ以外にも、いかにして監獄に入り、いかにしてそこから出たのか、出所後どのように社会生活を送っているのか、といった点についてまで調査と発言の機会を設けようとしていた。この意味で、監獄情報グループは監獄の内部と外部とをつなぐだけでなく、囚人（あるいはその家族や元囚人）と一般市民とを結ぶ役割を果たそうとしていたということもできるだろう(3)。

監獄情報グループによっておこなわれた主な活動はアンケート調査であった。面会に訪れた人々や囚人、元囚人、ソシアル・ワーカー、行政官などを中心に彼らは監獄の前で熱心に聞き取り調査を積み重ねたのである(4)。この活動に触発されて受刑者の家族が運動に加わり、各地で刑務所調査委員会が結成された。このアンケート(5)の特徴は、社会学的な調査とは異なり、それ自体において政治的行為としての意味を持ち、調査が異議申し立ての第一段階として位置付けられている点にあるといわれる(6)。

それでは、このグループに参加した人々、特に中心的な役割を果たしたとされる哲学者や知識人の姿勢とはいかなるものであったのだろうか。この問題については二つの論点が準備されている(7)。その一つは「六八年の『戦闘的』な政治活動のスタイルへの批判」(8)である。このグループの主たる活動がアンケート調査であったことからもわかるように、監獄情報グループの支持者は医師や弁護士などのブルジョワジーを中心に構成されていた。そのため、五月革命の意識を受け継ぐ戦闘的活動集団からは実践的態度を欠いているかのように受け取られることになるが、それ以上に彼らの地道な運動はそうした戦闘性への反省を人々に促す結果となった。もう一つの論点は「『代理—表象』システムへの批判[9]」として提起されているものである。監獄情報グループの設立目的として既に述べた通り、彼らは、「囚人の代わりに発言する」という政治運動が従来から維持してきたスタイルを転換し、「囚人が語るための機会を提供する」ことを目標とした。このような活動スタイルは、グループ設立以前にフーコー自身が構想していたものであった[10]。彼は、知識人が囚人の言説を代弁することによって、囚人たちの言葉が真理体制という整流器の中で無化されてしまうことを熟知していたのである。それゆえ、支配状態に対する抵抗の言説が権力関係への途を開くためには、知識人による言説の普遍化や真理性の賦与を経由せずに、現在の真理体制との直接的な闘争関係に囚人自身が自らをさらしていく他ないと考えられた。

私たちにとってより重要なのは二つめの論点である。フーコーは、知識人が普遍的真理を語ったとしても人々の解放は実現されず、新たな真理体制による支配状態のみが充満し続けると考えていた。このような考えは、知/権力についての彼の研究から既に明らかであるが、重要なのはそれを克服するための政治活動・参加のスタイルを彼自身が模索していたという事実である。前章で検討した「新しい権利」についての議論も、このような模索のうちに見い出されたものであったといって間違いないだろう。「新しい権利」あるいは「個別的な真理を語り続ける権利」[11]という観念の創出は、彼が発足させた監獄情報グループとそこでの自身の活動に負う部分が大きい。また、私たちの社会と囚人の声とを直接結ぶために知識人による媒介を排して各々の囚人に「語る権利」を認めようとする彼らの活動は、アンケートという非戦闘的な手段によって実践されていたが、こうした活動こそフーコー的意味での抵抗や闘争の契機として重要な位置を占めているように思われる。

2 監獄情報グループをめぐって

監獄情報グループの活動について、私たちはそこに二つの成果を見い出すことができるだろう。その一つはこのグループの活動に内在的な成果であり、もう一つはそこから派生した外在的な成果として位置付けられる。活動内在的な成果としては、囚人たちが監獄情報グループによる諸活動を通じて実質的な意味での「語る権利」を実現したということである。具体的には、彼らが「独房内からラジオや新聞・雑誌に発言する権利[12]」を獲得したという事実であり、これによって監獄情報グループが当初から掲げていた目的（「自分の声を押し殺している人々が発言できるようにする[13]」）は十分に達せられたことになる。

次に、監獄情報グループの活動による派生的な成果として挙げられるのは、社会運動に関わる知識人の態度（スタイル）を確立したことである。既に指摘した通り、彼らは囚人に代って語るのでもなければ、「在り得べき監獄」についての一般的な見解を提示するのでもない。監獄情報グループは「人々が自ずと気付くようにする」のであり、監獄でおこなわれている事柄に「人々の目を向けさせ、市民によるコントロールの必要性を認識させる」[14]よう努めるのである。つまり、それまでの知識人が絶対的な真理や正義を旗印に普遍的な主張をおこなうことで人々を導く「普遍的な知識人（intellectuel universel）」として機能していたのに対し、監獄情報グループでは、自らの専門領域において批判的な検討作業に従事し続ける「特定領域の知識人（intellectuel spécifique）」が中心的な役割を担うこととなったのである。[15]また、このような運動のスタイルはその後、精神病院情報グループ（G. I. A.）や健康情報グループ（G. I. S.）などに受け継がれ、最近ではエイズ問題でもこうしたグループが同様の活動をおこなっているといわれる。

しかし他方で、監獄情報グループの活動がいくつかの問題を抱えていたこともまた事実である。例えば、彼らの活動が囚人たちによって十分に理解されていなかったことが指摘されているが、その原因として、知識人の消極性や運動を展開するための規範的支柱の欠如が批判の的として挙げられている。その他にも監獄改革のための新たな制度や基本政策の編成に知識人が関与を続けるべきではなかったのかという批判も当然考えられるだろう。

普遍的主体を前提とする予定調和的な解決を批判し、個々の権力—抵抗関係に内在的な視点から提起される「個別的真理」を重視するフーコーの理論的立場からは、このような知識人主導型の運動は受け容れられるべきものではない。しかし、囚人たちの中にはフーコーの意図を十分に理解しなかった人々も存在しており、彼らは知識人たちに「中継器」以上の役割を求めていたのである。

監獄環境の改善プランを構想し、当局への抵抗運動を繰り広げるという従来の改革型知識人のスタイルに慣れていた囚人たちにとって、監獄情報グループの活動が監獄内の生活状況の改善という最優先の課題に直結していなかったことが不満であったことは間違いないだろう。これまで公にされることのなかった彼らの言説を社会に拡散させるという地道な作業よりも、真理や正義を掲げて一刀両断に解決を迫る普遍的知識人の姿を期待していた囚人も多かったのである。

このような問題点を抱えながらも、監獄情報グループを中継器とする監獄の再問題化が市民の意識を変革し、彼ら自身によるコントロールを促したという事実は重要であろう。知識人が囚人自身の言葉による語りを重視し、その語りのための空間を創り出すことで、監獄の劣悪な生活環境や看守による虐待など、そうした状況におかれた人々によってしか語られることのない個別的な真理やローカルな知識を社会に伝えることに成功したという現実の成果は無視し得ないものであると思われる。

2　監獄改革と法廷の変容
——制度改革訴訟を中心に

D・メイシーによれば、アメリカでは監獄情報グループに匹敵し得る社会運動を監獄外で組織することには成功しなかったようである。(16) しかしその一方で、監獄問題に対する法的対応が、アメリ力の伝統的な司法プロセスに変革を促しながら、興味深い展開を見せているといわれる。そこで、公共訴訟の一類型であるアメリカの制度改革訴訟[17]について、監獄改革がいかに実現され、司法過程がいかなる変容を遂げたのか、という観点から検討を試みたいと思う。

制度改革訴訟を通じた監獄改革の代表的な事例は、アーカンソー州の監獄における囚人の拘禁状況が問題とされたホルト対サーバー事件（Holt v. Sarver）である。この監獄では囚人を酷使する農場が経営されていたが、そこでの囚人の待遇は最小限の身体の安全さえ確保され得ないものであった。もちろん、監獄内の秩序も破壊されており、男性間での強姦事件などが頻発していたのである。訴訟の最初の段階では、こうした状況が連邦憲法修正第八条（残酷にして異常な刑罰の禁止）に当たるか否かが問題となり、裁判所はこれを認めて監獄の処遇状況を違憲と判示した。しかし、この段階では州当局に対して詳細な制度改革の命令は出されなかった。その後、裁判所は、選ばれた囚人が看守代わりとして他の囚人を監視するトラスティー・システムを問題視し、後に訴訟に加わった教護院とともにこの監獄がいまだ違憲状態にあることを確認する。そして最終的には、州の矯正委員会に対し、監獄改革のための計画案を裁判所に提出するよう命じたのである。[18]

この事例が示している通り、制度改革訴訟の中心は憲法上の価値（ここでは囚人の人権と適切な処遇）を実現するために、司法権を通じて法制度や社会制度の改善を遂行しようとする試みである。全国規模の社会運動や様々な関係組織・団体がこの訴訟を支えていたことも重要な事実であるが、ここで特筆すべきは訴訟形態そのものの変化であろう。

伝統的な訴訟形態と制度改革訴訟との相異については、次の四点が指摘されている。[19] まず第一に、伝統的訴訟モデルは、受動的な裁判官が当事者の間に存在するという三極構造によって法廷を構成してきたが、制度改革訴訟を始めとする現代型訴訟では、問題とされた制度や政策と直接・間接に関わり合いを持つ「社会学的な実在」（社会的グループ、身体障害者、人種的マイノリティーなど）が法廷に現れることとなった。第二に、訴訟は伝統的に当事者間の具体的な争いを契機として提起されると想定されていたため、個人間の私的紛争を解決することが司法過程の主たる目的と考えられてきた。これに対し制度改革訴訟では、個別的紛争の解決に限定されない憲法的価値や公共的価値の見直しが法廷の中心課題として提示されており、そうした価値の問題化と制度改革とが一体となって審議されるのである。第三に、訴訟観の変化とそれに基づく問題へのアプローチの相異を挙げることができる。伝統的訴訟モデルでは社会の自然的調和を前提としていたために、紛争を異常な事態として捉え、訴訟はその異常事態を正常化すること、あるいは調和の回復作業であると考えられた。これに対し、制度改革訴訟などの現代型訴訟では公共的価値の見直しと新たな制度や政策の形成が重視されている。それゆえ、救済は過去の権利侵害に対する補償というかたちに制限されることなく、将来の制度状況を見越した柔軟な対応として編成されることになる。最後に、司法権と裁判官の在り方をめぐる相異が確認される。すなわち、伝統的な訴訟形態では、司法が他の政治権力から独立しており、人々の間の合意によってその正当性を確保していると考えられてきた。一方、制度改革訴訟では、裁判所も政治権力の一部とみなされ、その正当性を公共的価値の実現に求めるという立場が取られている。したがって、裁判官は全ての争訟について当事者の合意を形成することのできる「全智の人間」であることは要求されず、幅広い範囲の声を聞き応答するという対話能力と当該訴訟に関する利益からの独立性とが求められることとなったのである。

伝統的な訴訟モデルとの比較によって明らかにされた諸特徴から、私たちは制度改革訴訟における二つの重要な要素について論ずることができるであろう。まず第一に、制度改革訴訟では当事者間に生じた紛争についての個別的な解決ではなく、法制度や社会制度についての全般的な見直しと具体的な改革とが問題となっている。このため、裁判所は過去の権利侵害に対する賠償によって調和的秩序を回復するという消極的立場からではなく、積極的な立場に立って、様々な苦情の噴出に対応するための断続的な社会秩序の創造に従事していくこととなる。言い換えれば、絶えざる異議申し立てによって、司法過程は社会秩序を構成する公共的価値の再問題化過程[20]となり、常に全体の合意による最終解決を先送りすることになるのである。それゆえ、監獄改革プランの提出命令をもって制度改革の終結と位置付けることはできず、常に新たな異議申し立てに備えなければならないのである[21]。裁判所のこうした関与の仕方は、当該事件について全ての人々が合意し得る普遍的な調和的解決が予め準備されていないことを認めるものである。それゆえ、O・フィスが指摘しているように、制度改革訴訟では裁判所の正当性を人々の合意に求めることが困難となるのである。

第二に、制度改革訴訟を通じて裁判所が公共的価値の問題化に積極的に関与することで、在監者や精神病院に収容されている患者、マイノリティーなどの主張に対しても裁判官が直接耳を傾け、当該制度の改革をもってその主張に応答していくことが可能となる。伝統的な訴訟形態が権利侵害や賠償を専らの問題としてきたのに対し、公共訴訟では新たに具体化された公共的価値に基づく制度改革までも司法プロセスの射程としているため、関係する複数の人々の言説から紡ぎ出された批判とそれに対する応答によって構成された対話空間を法廷に実現することが重要な課題と考えられている。それゆえ、民主制過程の全般を通じて多数者の論理によってつくりあげられてきた公共的価値を少数者の論理としての「個別的真理」によって批判し、再問題化することのできる「実験的な対話」の場として司法過程を位置付けることもできるのである。[22] 支配的な社会的価値の再問題化と日常的言説やローカルな知への応答という制度改革訴訟の一側面は、私たちが監獄情報グループの活動に見い出してきたものとほぼ重なり合うとさえいえるだろう。そして、このことは、中立者の視点ではなく当事者の視角から合理性や真理を語ることで闘争を続けようとする人々の意志の表れとしても理解され得るのである。

以上のように、アメリカの制度改革訴訟は伝統的な訴訟形態に大幅な変化を引き起こしながら、司法過程における監獄の改革を実現したのである。とりわけ、法廷における公共的価値の再問題化とそれに伴う実験的な対話空間の形成は、囚人たちの「個別的な真理」を社会につなげ、監獄というシステムを問題化していこうとするフーコーの理念の延長線上に位置付けられるものである。しかし、このような営為が「個別的な真理」を語り、伝えるという戦略を実現していくためには、裁判官や弁護士といった法実務に携わる人々の姿勢や倫理的態度が極めて重要な鍵となるだろう。そこで次節では、監獄改革に関わる法律家の在り方について考えたいと思う。

3　監獄改革と法律家の倫理的態度

アメリカにおいて監獄改革を実現させた制度改革訴訟は、司法過程に一大変革をもたらしたが、囚人たちの語りや公共的価値の再問題化を重視する立場からはさらにいくつかの問題点を指摘することができるだろう。とりわけ、監獄情報グループにおける知識人たちの活動スタイルとの比較から、法廷における弁護士や裁判官の在り方を中心に、制度改革訴訟による監獄改革の再検討がなされなければならない。ここでは、二つの論点について言及したいと思う。

第一に問題とされるべきは、囚人たちによって提起された「個別的真理」に関わる複数の言説を裁判所がいかにして真摯に受け止め、それらを実際の制度改革に反映させることができるか、という点である。監獄情報グループは、沈黙によって閉ざされてきた囚人たちの語りを社会に拡散させる役割を果たしたが、そのようにして産出された個々人の主張を彼らの生存条件の改善へと結び付けるための技術が、司法プロセスには求められているのである。彼らの主張を伝え、それを受け止め、制度改革を通じて応答するという一連の過程において、法律家たちはいかに振る舞うべきなのであろうか。

この点について、まず当事者の主張を代弁する弁護士の役割が問題として提起される。(23)とりわけ、一般に中流以上の社会階級に属するとされる弁護士が囚人など貧困層の意見を十分に代弁できるのか、といった問題がしばしば指摘されている。囚人の意見を代弁することを自制した監獄情報グループの知識人同様、弁護士もまた「代理―表象」システムを離れて「中継器」に徹するべきなのであろうか。この問題について十分な解答を準備することは困難であるが、それでもやはり、囚人たちの閉ざされた言説を裁判官や市民に伝え届けていくことの重要性を考えれば、弁護士はそのために最大限の努力を払うべきであろう。そして、それ以上に囚人たち自身が語ることのできる空間を可能な限り形成し、それを司法過程と結び付けていかなければならない。同様のことは、裁判官についても当てはまる。公共訴訟において多様な言説に耳を傾ける裁判官は、法的言説に変換されていない当事者の生の声を直接受け取り、それを救済策に反映させるための十分な機会を持つ必要がある。もちろん、特別補助裁判官（special master）や裁判所の友（amicus curiae）などの助力を通じて知識や情報を得ることも有益ではあるが、やはり「代理―表象」システムを離れて、裁判官自らが語りの空間で継続的に対話へと加わるのでなければ、個々の語りを公共的価値の再問題化へとつなげていくことは困難であると考えられる[24]。

第二の問題は、裁判所主導による監獄改革の進行によって、囚人たちの言説が途切れてしまうのではないか、という危惧である。制度改革訴訟では多種多様な人々の対話を重視する裁判官の姿勢が強調されているが、その一方で、当該制度に関係する利益からの裁判官の独立もまた強調されている。その意味で、制度改革訴訟は中立者からの客観的な正義判断という伝統的な構造を維持しており、そうした裁判官による普遍的規範判断に対して人々が個別的な異議申し立てをおこなうことが困難になることも当然予想される。裁判官の独立性を重視し、いずれの組織にも属さないことをもって司法の消極的な正当化根拠とする限り、この問題は常に付きまとうことになるだろう。

様々な声が響き合う状況から、制度改革のための実質的な筋道を明確化するためには、一定の中立性と客観性を基礎とした改革の方向性を提示することが司法にとって重要であることは容易に理解できる。しかしながら、そうした制度改革プランの方向性を提示し、人々の正義要求に応えていくだけでは、裁判所が対話の場として果たすべき役割の半分を実現しているに過ぎないのではないだろうか。司法プロセスが果たすべき残りの半分の役割とは監獄情報グループが果たしてきた役割である。すなわち、裁判所は正義の要求に応じて新たな制度構想へと人々の目を向けさせる一方で、そうした構想への批判的視角をさらに喚起していく必要があるだろう。法による問題解決が、さらなる問題提起を促すことによって、法廷における対話の内容もまた充実したものとなることは間違いないと思われる。

右に述べた二つの問題点に関する議論は、今日の裁判官や弁護士といった法律家たちに求められるべき二つの倫理的態度を示唆するものであると考えることができる。その一つは、これまで口を閉ざされてきた人々によって語られた個別的な真理やローカルな知識に直接耳を傾け、それらを真剣に受け止めるという姿勢である。そしてもう一つは、そのような語りとの対話を通じて現在の公共的価値やその具現化としての法・社会制度を批判的に検討し、それらの再問題化を粘り強く続けていこうとする姿勢である。制度改革訴訟に関わる法律家たちがこれらのエートスを備えることで、監獄改革はさらに実質的な意味を持つようになるであろう。

4 「個別的な真理」を語り、伝えるために

監獄情報グループについての分析から制度改革訴訟の検討へと歩を進めることで、私たちは、囚人たちによって産み出された言説を制度改革へと結実させる方途を司法プロセスのうちに確認した。それは、彼らの「個別的な真理」に耳を傾けていこうとする裁判官や弁護士の倫理的態度と監獄改革のための断続的な再問題化過程に粘り強く付き合おうとする裁判所の姿勢によって実現されるものである。フーコーが提示した「新しい権利」すなわち「個別的な真理を語り続ける権利」に対する応答の一例として、この制度改革訴訟の過程を見ることもできるだろう。

しかし他方で、監獄情報グループの活動と制度改革訴訟との間には見過ごすことのできない相違もまた存在している。すなわち、前者が既存の公共的価値や社会秩序への批判・抵抗という文脈で囚人たちの語りを伝えていたのに対し、後者は「人権」という普遍的規範を守るための秩序形成による積極的な救済をその目的としているのである。言い換えれば、監獄情報グループが社会秩序に対する問題提起をおこなっていたのに対し、裁判所はその問題解決を自らの役割としてきたのであ

る。それゆえ、特定の公共的価値や社会制度が問題として提起された後に、それらを人権侵害という視角から掬い上げ、司法過程で問題化していくという消極的な役割は裁判所によっても果たされ得るが、裁判所自らが公共的価値の問題化過程として積極的に法・社会制度を再問題化していくことはできない。なぜなら、個別的紛争を解決に導くという伝統的機能が裁判所の主たる役割として存在し、他方で、そうした公共的価値の問題化は民主制過程においてこそ実現されるべきと考えられているからである。

それでは、いかなるプロセスを通じて囚人たちの「個別的な真理」を語り伝え、監獄を再問題化していくべきなのであろうか。第一に、囚人たちの言説が監獄に押し込められている場合には、監獄情報グループなどの活動を通じて彼らの言説を社会に拡散させていかなければならない。この段階では、社会運動や政治運動による積極的な行動が公共的価値の問題化に重要な契機を与えることになるだろう。次いで、語り伝えられた言説によって公共的価値が問題化された場合、そうした価値規範は本来、民主制における批判的討議の過程において修正されるべきものと考えられる[25]。しかし、そのような討議は、他者を必要不可欠な存在として認めながらも相互に批判的応答を繰り返していこうとする「闘技性」のエートスなしには実現され得ないであろう。今日の民主主義では、多数者と価値や問題の基盤を共有していない囚人など少数者の主張が聞き届けられることもなければ、彼らの意見が議論に反映されることすらほとんどないのである[26]。それゆえ、監獄改革という具体的な要求が提示されたとしても、民主制の過程において実際の改革が積極的に進められることはほとんど有り得ないといってよいだろう。結論として、囚人たちが自らの言説を語り伝えることで批判と抵抗を継続していくためには、人権侵害に対する司法的救済というかたちを取る他ないように思われる。既に述べた通り、裁判所は公共的価値の問題化について積極的な態度を取り得ないが、囚人たちの言説を通じて彼らの生存状況や処遇が人権侵害として構成された場合には、彼らの声に対する応答として積極的に制度改革を実現していくことが可能となるのである[27]。もちろん、このような訴訟過程を実現するために、法律家の倫理的態度が重要な役割を果たしていることは既に述べた通りである。

＊

以上の議論から導かれる帰結は、監獄情報グループなどの社会・政治運動による公共的価値の問題化と司法過程での制度改革とが相補的な役割を構成し、それぞれが組み合わされることによって、監獄における規律権力への抵抗が可能になるというものである。当然のことだが、問題化と制度改革の過程は一回限りのものではなく、常に繰り返されるべきプロセスとして存在している。フーコー自身も司法権による判決・命令が最終的解決となり得ないことは十分に認識していた。それゆえ、完全な制度設計よりも不断の批判的態度こそが、法律家を含む知識人たちには求められているということになるだろう。さらに、この結論は民主制過程において実現されるべき公共的価値の再問題化と制度改革の実践とが、それぞれ社会・政治運動と司法プロセスとによって担われているという現実を浮き彫りにするものである。これら二つの機能は本来、民主主義のプロセスにおいて実現されるべきものであることは間違いない。私たちは、監獄情報グループと制度改革訴訟についての検討から、第六章で既に述べた民主主義の在り方に対する問題提起を再度読み取ることになるのである。それゆえ、「個別的な真理」を語り、伝えていくためには、社会・政治運動や司法権の活性化を企図すると同時に、民主制過程の機能不全を回復するための方途を探究することが重要な課題として提起されなければならないのである。

むすびにかえて
——自由の条件

法に基づく禁止として、あるいは君主から臣下へ下達される命令として「権力」を捉える従来の思考枠組みを批判し、フーコーは人々の多様な関係的行為実践によって構成された脱中心的ゲームとしての権力モデルを提示した。この権力モデルは、人が人の行為を管理・統制しようとする意志の集合的ゲームがそれ自体として様々な知の体系や規範・序列の形成を促進し、社会の秩序化を押し進めるということを示唆している。それゆえ、社会秩序が上からの禁止・命令によってではなく、下からの自発的合意を通じて構築された場合にも諸個人の間の戦略的実践（すなわち権力関係）が秩序の産出とその維持とを実現するということになる。自由・平等という基本理念の裏面において、近代社会が諸個人の主体性（あるいはアイデンティティー）形成に深く関与し続ける規律権力を不可欠の要素としてきたとする彼の権力分析は、この事実を示しているのである。本書では、法による統一的な秩序形成と社会統合が、こうした微視的な権力形態や統治実践によって構成された秩序枠組みと根強い関係を維持しているということを再確認した。

しかし、社会秩序の産出・維持として理解された「権力」は、その言葉のニュアンスとは裏腹に、人々の自由を直接的に収奪するものではない。それどころか、人々の自由は、この権力を通じて拡大することとさえ十分に考えられるだろう。規律権力によって成型される特定の生存形態やアイデンティティーなどを抜きにしては、自己実現という自由の重要な部分を語ることもできないのである。さらにいえば、社会の安全性や一定の福祉制度が、近代的意味での自由に大きく資するものであることは今日疑い得ない事実となっている。

それでは、私たちの生き方を規定する社会秩序が、私たちから自由を奪うのはいかなる状況においてであろうか。フーコーの権力論に対する私の解釈によれば、それは秩序の維持が権力関係の固定化へとつながるとき、すなわち、支配状態が実現されるときであった。この状態において、人々は秩序に対する批判的視角を失い、各々が秩序への黙従を開始することとなる。既存の秩序への黙従によって、私たちは自己のアイデンティティーが権力関係の中で形成されてきたものであることを忘れ、現在の主体性や生存形態を普遍的な真理や疑い得ない自我の源泉として把握することになる。このとき、諸個人は自らとの間に差異を有する他の生き方や異質な生存を承認できなくなると同時に、他者に対する無関心を貫くことになるのである。

したがって、リベラル・デモクラシーの浸透によって自由・平等・幸福が一定の割合で実現されつつある今日の社会では、自由論の核心はこうした秩序の固定化（すなわち、支配状態）に対する抵抗戦略に求められる。その意味で、女性やマイノリティー、囚人、精神病患者、同性愛者らによるジェンダーやアイデンティティーをめぐる抵抗の実践は、法学領域においても検討されるべき重要な課題となる。こうしたマージナルな存在としての他者こそが、法規範を含む社会秩序の問い直しにとって不可欠な要素を構成するものと考えられる。他者の主張、あるいは「個別的な真理」に耳を傾けることで、私たちは自己の生き方や主体性について内省する機会を得るはずである。そして、規律権力によって賦与された生存形態とは異なる生き方についての思考をめぐらせることが可能となるだろう。秩序の固定化に対する抵抗の条件、そして、私たちの時代における自由の条件とは、このような「現在とは異なる生き方の可能性」にこそ求められるべきなのである。

しかし、ここで提示された「自由の条件」はいかにして実現されるのであろうか。私たちが法学領域について考えた場合、それは本書において検討を進めた闘技的民主主義や制度改革訴訟がそのためのプロセスを提供し、社会秩序に対する批判を実践する契機となるであろう。法の主たる機能が紛争の解決や予防であることは否定し得ない事実であるとしても、議会や法廷を最終的解決の場としてのみ捉えるのではなく、秩序をめぐる公共的価値の永続的な討議の場として涵養していくことが今日要求されているのである。秩序産出と維持のために設定された法規範という境界線を常に疑いながら、近代的秩序形成の過程で切り捨てられた様々な価値に再度目を向けていかなければならない。

多元的な価値を背景としながら共生を実現するというリベラリズムの理想にとって、法を始めとする規範的秩序は必要不可欠である。しかし、秩序形成のための合意は自己の秩序構想に対する批判的思考を解消するものであってはならない。フーコー自身強調していた通り、人々は権力関係から自由ではないが、権力関係によって産み出される秩序形態に対しては自由な思考を維持するよう努めなければならないのである。フーコーはそうした自由な思考がいかなるユートピアへ向かうかという設計師の役割を放棄したが、それは自由と秩序を両立させるための根本原理が存在しないということを示している。しかし、批判的応答によって実現される規範の産出が新たな社会秩序を創出してきたという事実を忘れるべきではないだろう。男女平等化のための諸立法、アファーマティヴ・アクション、監獄・精神病院の改革などがいかなる帰結を導くかは定かでないが、社会秩序に対して自由な思考が維持される限り、法や法制度をめぐるこうした改革が終わりなき批判と実験的な営為によって進められることは間違いないと思われる。

注

第1章

（1） Foucault [1976a] p.119（一一七頁）。

（2） Ibid., pp.110-112（一〇八-一一一頁）。

（3） Ibid., p.110（一〇九頁）。

（4） Ibid., p.110（一〇九頁）。

（5） Ibid., p.112（一一一頁）。さらに Foucault [1977b] p.140（一一〇-一一一頁）。

（6） Hunt／Wickham [1994]. 関良徳 [1996] 一四九-一五六頁。

（7） Hart [1994] chap.2.

（8） Hunt／Wickham [1994] pp.59-64.

（9） Foucault [1976b] p.105／Foucault [1997] p.33.

（10） 古代ゲルマン法は係争の決着を力と力の闘争に委ねていたが、集権化された王制の成立によって裁判権は国家の下に収奪された。フーコーは「諸力の対立と関係としてのアルカイック期の真理から、証人によって確認され保証された感覚内容としての古典期の真理への移行」を見出し、中世初期の王制の形成と関係付けている。Gros [1996] pp.59-61（七四-七五頁）参照。

（11） Foucault [1976a] pp.114-115（一一三頁）。

（12） Foucault [1976a] p.116（一一四頁）。

（13） F・グロは「マルクス主義的な構想もまた、……権力の本質的顕現としての『法』というテーマがのさばり過ぎて身動きが取れずにいる」と指摘する。Gros [1996] p.78（九六頁）。

（14） 桜井哲夫 [1996] 二一二-二一六頁。

（15） Gros [1996] pp.62-63（七七-七八頁）。

（16） Ewald [1985] pp.219-244 および中山竜一 [1995] 一〇一-一一八頁、中山竜一 [1994] 一五四-一六二頁、関良徳 [2000]. ここで「ノルム」とは、私たちの生命・生活に関わる領域について諸科学が提示する「標準」や「平均」、「正常」などの概念を意味する。

（17） Foucault [1975].

(18) 米谷園江［1996a］七八頁。

(19) Foucault［1976b］p.88／Foucault［1997］p.14.

(20) Ibid., p.89／p.15.

(21) Foucault［1997］p.239.

(22) フーコーは「戦争モデル」についてライヒ仮説とニーチェ仮説とを区別している。前者は、人間の本来的な自由が政治・経済などの権力プロセスによって歪められているとして、こうした抑圧のメカニズムを除去することで私たちの自由を回復しようとする。しかし、この仮説は、人間の自由を維持し得る調和的な社会状態を想定した後にその調和を乱す権力を取り締まるという理論構造を有しており、社会全体の合意を予め念頭においたものである。それゆえ、ライヒ仮説は戦争モデルではなく契約締結以後の「圧制」に相当する状態と考えられる。これに対し、後者は権力関係の基礎を「諸力の永続的な戦闘関係」におく。つまり、ライヒ仮説のような「契約—圧制」のシェーマではなく、永遠に繰り返される「支配—従属」を軸に権力分析をおこなうのである。それゆえ、法や権利も社会契約のような普遍的基礎からではなく、現実の闘争関係において理解されることとなる。ジェームズ・ミラーの言葉を借りれば「いかなる権利もパルチザン的捏造物以上のものではなかった」ということになるだろう。つまり、私たちが具体的に行使できる権利は、実際の闘争を通じて勝ち取られたものであり、それを維持し行使するには絶えざる闘争を勝ち抜かなければならないという見方である。したがって、ニーチェ仮説に依拠した戦争モデルでは、法や権利といった概念が当事者の合意によって形成された調停のための中立的指標としての位置付けを失い、基本的に戦略的なものとして理解されることになる。もちろんフーコーはニーチェ仮説を採っている。Foucault［1976b］p.91／Foucault［1997］p.17.

(23) Ibid., pp.240-241.

(24) S・エドワード・クック（Edward Coke, 1552-1634）はイングランドの法律家・政治家。ジェイムズ一世の王権神授説に対してコモン・ローの優位を主張し、王権の絶対性を支持するフランシス・ベイコンと対立した。権利請願（一六二八）

は、彼の起草・推進によるものである。ジョン・リルバーン（John Lilburne, 1615-1657）はイギリスの革命指導者で、革命憲法「人民協約」の執筆に参加。アンリ・ド・ブーランヴィリエ（Henri de Boulainvilliers, 1658-1722）はフランスの思想家。彼の歴史観及び政治思想の特徴は人種起源説にあり、フランス貴族の起源をゲルマンに求める一方で、第三身分をガロ・ロマンの隷属民の末裔とする。彼はここから、貴族による統治の正統性を主張して絶対王政を批判した。

(25) op.cit., p.241. 但し、括弧内は引用者。

(26) op.cit., p.243.

第二章

(1) Foucault［1984c］pp.708-729.

(2) J・S・ランソムによれば、一九八〇年代初頭、フーコーは次のように述べている。「私は、保護施設や監獄などを研究していたとき、恐らく、支配の技術について強く主張し過ぎた。」 Ransom［1997］p.139. さらに、Foucault［1993］p.204を参照。

(3) Foucault［1976a］pp.123-127（一二二-一二四頁）。

(4) Ibid., p.22（一二〇頁）。

(5) 杉田敦［1989］五三頁。

(6) リアリズムとは、一九五〇年代のアメリカで支配的地位にあった国際関係理論で、その始祖とされるのは、H・J・モーゲンソーである。彼は、主権国家間の合意によって成立した国際的な諸規則が現実的な実効的権威を欠いているという理由から、国際政治をアナーキーな政治舞台における国益追求のための権力闘争と捉える。なお、フーコーの国際関係論への影響については、Hutchings［1997］を参照。

(7) これについては、本書第一章第4節を参照。

(8) Foucault［1976a］p.128（一二五頁）。

(9) このような権力についての概念は、権力の実体そのものを明確化せず、作用の分析に終始しているという点で唯名論的である。しかし、実体を前提して作用を説明するという方法論は、議論を単純化して理解を容易にする一方で、説明不可能な作用については捨象せざるを得ないだろう。そうした認識の方法が孕む欺瞞を払拭し、敏感な応答を目指す社会理論を実現するためにも、実体を前提せずに作用の分析を試みる彼の分析学的手法は有効であると思われる。

(10) Foucault [1984c] pp.710-711.「権力関係」と「支配」の区別を重視し、両者の差異によってフーコーの自由論を展開する試みとしては、他にIvison [1998] p.139がある。

(11) Foucault [1984c] p.728.

(12) Ibid., p.727.

(13) Ibid., p.727.

(14) Ibid., pp.710-711.

(15) 後に詳述するフーコーの権力分析を手掛かりとすることで、「透明なコミュニケーション」「権力関係」「支配状態」の間の相互関係を明確化することが可能となる。それぞれが複雑なメカニズムによって関係を構成しているが、彼の研究で最も重要な位置を占めるのは、「支配」と「透明なコミュニケーション」との結び付きであろう。この図式化では、二つが権力関係の両端に位置付けられたため、一見無関係のように思われるが、フーコーの権力分析は両者の間に築かれた不可視の関係性を見事に描き出している。透明なコミュニケーションという非現実的なユートピアにおいて、人々は互いの考えを理解し合い、強制も支配も存しない完全な間主観性を構築できると想定されている。こうした理想状態を現実のものとするには、全く異なる経験や境遇、価値意識を有する諸個人の間に思考や行動についての普遍的規範を浸透させる必要があろう。しかも、その規範が人々の自発的服従を導くかたちで構成され、いかなる強制も伴わないという条件が付されねばならない。規律権力は、学校教育や病院での診療、監獄における監視などを通じて、こうした規範を人々に浸透させた。正/不正、正常/異常などを区別する必要性を自然に喚起し、その区別を必然的な帰結として受容させることができれば、それは真理や標準として機能する。これら一般に受容された規範をディスコースの基礎に据えることで、各人間のコミュニケーションは透明性を増し、対立や支配といった危機を予め回避すると同時に、相互関係を深化させることができると考えられた。しかし、透明なコミュニケーションの状態において、人々が規範への自発的服従に導かれているとしても、規範や規律の徹底的な浸透によって、彼らが自らの規範への批判や抵抗の可能性さえ失っているとすれば、それはフーコーが支配と呼んだ状態に等しい。抵抗の必要性を減少させようとする試みにおいて抵抗の可能性は消滅していくのである。つまり、透明なコミュニケーションの極限は実質的な支配状態を意味するのである（この点については、さらに「理想的なコミュニケーション国家」に言及している井上達夫［1986］二五五-二五六頁も参照）。

(16)　このテーマについては関良徳［1997］を参照。

(17)「人間が他の人間を支配する、すると、そこから諸価値の区別が生まれてくる。階級が他の階級を支配する、すると、そこから自由の概念が生まれてくる」というフーコーの言葉は、ニーチェに由来するものである。Foucault［1971a］p.145（二一九頁）。

(18)　Thiele［1990］p.907. また、J・ライクマンは静態的自由と動態的自由の区別をそれぞれ観念的自由と実践的自由と呼び、ほぼ同じ意味で用いている。Rajchman［1985］.

(19)　Foucault［1984a］p.92（九七頁）。

(20)　Foucault［1984c］p.727.

(21)　Ibid., p.727.

(22)　フーコーの自由論は、その倫理的視座においていわゆる自己決定権の問題についての重要な転換を私たちに迫ることになるだろう。すなわち、原子的な意味での個人を前提とする場合、個人の自己決定権が所与の基本原理として現れるために、そこでの議論は自己決定のエゴイズム化を回避するための「他者との関係」が中心となる。これに対し、彼の議論では、自由が他者との間の権力関係へと既に開かれているために、そうした状況からいかにして自己決定（自己への配慮）を導き出せるかという問いが議論の的となる。例えば、人工妊娠中絶をめぐる問題で、自己決定権を重視する立場からは女性の中絶権確保を強調することになるが、その一方で、そうした「権利」が優生学的考慮や社会保障費削減といった多数派の文脈の中から生み出された真理であるとすれば、私たちは、その意味での自己決定権を安易に受け容れることはできないだろう。それゆえ、こうした社会的文脈に位置付けられた自己が自己決定権を再度検討する余地が生じてくるのである。

(23) Foucault [1977a] pp.158-160（九四-九八頁）。

(24) Foucault [1971a].

(25) Foucault [1989] pp.12-15. Rabinow ed. [1997] pp.xiii-xiv.

(26) Foucault [1970], Sheridan[1980].

(27) 関良徳 [1997] 一一六頁。

(28) Foucault [1984c] p.724.

(29) Foucault [1970], Sheridan[1980]p.128.

(30) ここでは、フーコーの死の直前までなされた講義に言及している Gros [1996] を参考にした。さらに、中山元 [1996] 二二九-二三二頁を参照。

(31) Foucault [1976a] p.81（七八頁）。

(32) Ibid., pp.78-79（七六頁）。

(33) フーコーの知識人論はこのことを明確に映し出している。彼はこれまで普遍的知識（真理や正義）を掲げることで人々を先導してきた普遍的知識人、すなわち、マルクス主義者やJ・P・サルトルのような哲学者に特定領域の知識人を対置している。これは、精神科医、医師、弁護士、判事、技師など自らの専門領域を有する人々を指し、その領域が依拠している価値体系に対して批判的な目を持ち続けるタイプの知識人である。フーコーは自らを後者のタイプの知識人として規定している。

第三章

(1) Foucault [1976a].

(2) Foucault [1976a] p.183（一七六頁）。

(3) Foucault [1997] p.225. この点を強調する研究として、酒井隆史 [1998] がある。

(4) 牧人=司祭型権力は、民衆の生を導く王や神の姿を羊と羊飼いに見立てた権力形式であり、後にキリスト教による魂の統治へと受け継がれたものである。この権力形式は、ギリシアの都市国家において発展した統治性とは全く異なり、国家の全体的統治よりも諸個人の生への個別的統治を重視するものであった。Foucault［1979］pp.223-254（五六-七七頁）、Foucault［1982a］pp.214-232（二八七-三〇七頁）、Foucault［1982d］pp.145-162（二〇九-二三四頁）。

（5）これについては、米谷園江［1996a］に詳しい。

（6）Foucault［1975］p.52（五二頁）。

（7）Ibid., p.37（三八頁）。

（8）Ibid., p.75（七七頁）。

（9）Ibid., p.133（一三三頁）。

（10）Ibid., pp.96-101（九六-一〇一頁）。

（11）刑罰の種類・軽重などを犯罪者個人の性質に合わせて変更するという点は、法的権力モデルに馴染まないように見えるが、それは処罰の効率・公正を確保するための配慮であり、監獄システムにおいて見られる同様の特徴とは性質を異にする。

（12）op. cit., pp.172-194（一七五-一九五頁）。なお、J・ベンサムが設計した「パノプティコン（panopticon）」（一望監視施設）とは、配置の技術と監視の手段との組み合わせにおいて成立するものである。この施設の構造原理は「周囲には円環状の建物、中心に塔を配して、塔には円周状にそれを取り巻く建物の内側に面して大きな窓がいくつも取り付けられる。周囲の建物は独房に区分けされ、その一つ一つが建物の奥行をそっくり占める。独房には窓が二つ、塔の窓に対応する位置に内側へ向かって一つあり、外側に面するもう一つの窓から光が独房を貫くように差込む。それゆえ、中央の塔の中に監視人を一人配置して、各独房内には、狂人なり病者なり受刑者なり労働者なり生徒なりを一人ずつ閉じ込めるだけで十分である。周囲の建物の独房内に捕らえられている人間の小さい影が、はっきり光の中に浮び上がる姿を逆光線の効果で塔から把握できるからである。」Foucault［1975］pp.201-202（二〇二頁）。フーコーは、この機械仕掛けの自動監視システムについて詳細に論じているが、それに対する規範的な批判を明確にしているわけではない。また彼は、ベンサムへの個人攻撃を企ててもいない。J・センプルは、苦痛を除去するという功利主義的目標の下に人間的な監獄をつくることがベンサムの当初の目的であったとして彼を擁護しているが、フーコーの意図は、そうした発想がいかに生み出され、いかに私たちの意識に浸透したかという点を解き明かすことにある。そしてもちろん、この研究が規範的基盤を明示していないとしても、現在の個別的な問題状況に対する新たな批判を喚起することは間違いないだろう。Semple［1992］参照。

(13) ここでの法と規律の区別は、法的権力モデルとフーコーの権力概念、静態的自由と動態的自由などと対応している。そして、人々の日常と深いつながりを持つ権力関係を基礎とするがゆえに、規律権力における「規律」の概念は「法」よりも根深く生活全般に作用するのである。

(14) Foucault［1976a］p.185（一七八頁）。

(15) Deleuze［1990］.

(16) Foucault［1976a］p.178（一七二頁）。

(17) Ibid., p.180（一七三頁）。

(18) Ibid., p.180（一七三頁）。

(19) Ibid., p.189（一八二頁）。

(20) Foucault［1989］.

(21) ヨーロッパ諸国が、三十年戦争終結以来征服の論理に身を投じることを避け、自国保全と同盟関係によるヨーロッパ秩序の均衡を第一に考えるようになったことはよく知られている。

(22) 米谷園江［1996a］八七頁。

(23) Foucault［1989］pp.109-119. フーコーは講義のレジュメ（「生の政治の誕生」一九七九年）の中で、ドイツ自由主義（オルドー学派）とアメリカ新自由主義（シカゴ学派）とを分析対象としたことを述べている。さらにGros［1996］や米谷園江［1996b］を参照。

(24) Ibid., p.112.

(25) 米谷園江［1996a］九三頁、Gros［1996］pp.86-88（一〇四-一〇六頁）参照。

(26) 米谷園江［1996a］九七頁。

第四章

(1) この時期に中心的役割を果したのがコレージュ・ド・ソシオロジー（一九三七年結成）のメンバーであったG・バタイユ、R・カイヨワ、P・

クロソウスキーらである。

(2) フェリとルノーは、法哲学・政治哲学の領域で重要な研究をおこなっている。特に、英米の法哲学（J・ロールズやL・シュトラウスなど）から影響を受けたものが多く見られる。

(3) Connolly [1991].

(4) Ferry／Renaut [1985].

(5) Descombes [1991].

(6) ハーバーマスが不可視の原理として作用していることについては、合田正人 [1996] 六八-七二頁を参照。

(7) Derrida [1991] pp.96–97.

(8) Poster [1993] pp.63–80.

(9) Foucault [1984d] pp.562–578.

(10) Foucault [1966].

(11) フーコーの「主体」についての議論は、関良徳 [1997] 一二四-一二五頁を参照。

(12) op. cit., p.564.

(13) カントのいわゆる三批判と啓蒙との関係について、フーコーは興味深い議論をしている。これについては、杉田敦 [1996] 三六頁を参照。

(14) Foucault [1984d] p.573.

(15) フーコーの「啓蒙」解釈の独創性は、ハーバーマスとの比較において明らかとなる。ハーバーマスによれば、啓蒙における「成熟」とは、理性の独断を排する一方で、その批判的・超越論的能力を主体のうちに回復することを意味する。したがって、フーコーとは逆に、ハーバーマスは人間学のカントと啓蒙のカントとを統一的に解釈しようと試みるのである。

(16) フーコーとファシズムとの関係については、二つの立場が対立している。一つは、両者を共犯関係と捉えるM・ネオクロースやD・H・ハーシュらの立場。もう一つは、J・W・バーナウアーやA・ミルヒマン、A・ローゼンベルクらのようにフーコーを反ファシズムと捉える立場である。前者の研究によれば、フーコーは社会全体を権力関係に還元するという「権力の形而上学」に陥ったがゆえに「戦いに継ぐ戦い」というファシズム的要求が政治的秩序の本質になるという。こうした誤解は、基本的に反ニーチェ主義者の主張と共通するものである。Neocleous [1996] p.54を見よ。

(17) Habermas ［1985a］ Kap.9, 10.

(18) McCarthy ［1996］ p.viii.

(19) Foucault ［1984c］ p.727.

(20) Foucault ［1984d］ p.566.

(21) Rorty ［1991b］ p.196.

(22) Rorty ［1983］.

(23) ローティの政治哲学について述べたものとしては、小野紀明［1996］一四三-一五三頁を参照。

(24) 一八世紀フランスの自由主義者B・コンスタンによる自由の二つの区別。「現代人の自由」は、法の支配の下での非干渉・独立を意味し、「古代人の自由」は、集団的意思決定への参加とコミュニケーションの権利を意味する。

(25) Foucault ［1983］ p.343.

(26) Ibid., p.343.

(27) こうした「支配」に対する現実の戦略として、フーコーは抵抗運動への参加者という資格において、ベトナムのボート・ピープル救援のためにNGOによって発議された「新しい人権」について語っている。その中で、彼はこの人権を導いた三つの原理として①市民集団の国際的つながり、②絶対的な権利の根拠としての「不幸」、③国家の戦略に対する個人の意思を挙げている。近代的な人権の観念や国家の法によっても救済されない人々に対し、彼は「新しい権利」（個人が政治と国家間の戦略の秩序に対して積極的に口出しをする権利）を提示することで、彼らを支配状態から解放しようと試みている。これについては、Keenan ［1987］ 及び本書第八章を参照。

(28) Connolly ［1991］ p.226, note 11（六四-六五頁）。また、ローティの議論はロールズの「重なり合う合意（overlapping consensus）」に拠るところが多く、そのことも彼自身の文化への執着を示している。これについては、Connolly ［1995］ pp.3-4. を見よ。なお、コノリーとテイラーの間では、*Political Theory* 誌上で一九八四年から一九八五年にかけて論争がおこなわれている。これについては、杉田敦［1986］に詳しい。

第五章

（1）Connolly［1995］pp.xv-xix. ここで言う批判的応答とは、普遍的な基盤の探究でもなければ、既存の道徳規範を適用するための準備的議論でもない。それは相互批判の連続を唯一者への還元作業と捉えるのではなく、そこから生じる多元性を拡大し、さらなる相互批判へとつなげていく多元化のエートスである。

（2）Chomsky／Foucault［1971］pp.133-197.

（3）Nietzsche［1901］アフォリズム番号六一六などを参照。

（4）Fraser［1981］及びFraser［1985］を参照。

（5）本書第一章第2節を参照。

（6）Fraser［1985］p.195, Fraser［1981］§IV.

（7）Fraser［1981］p.144.

（8）ハーバーマスによるフーコー批判は、次の三つによって代表される。①「近代——未完のプロジェクト」（アドルノ賞受賞記念講演、一九八〇年）、②『近代の哲学的ディスクルス』第九・一〇章（一九八五年）、③「現在の核心に照準を定める」（フーコーへの追悼文、一九八五年）。彼の批判は②において最も明確なかたちを見せており、ここでは、その批判を中心に議論を進める。なお、ハーバーマスによるフーコー批判については、山脇直司［1995］を参照。

（9）Habermas［1985a］Kap.10（第一〇章）。

（10）Ibid.,S.337（五〇六-五〇七頁）。

（11）Foucault［1983］p.231（三一二頁）。

（12）フレイザーやハーバーマスの批判に対して最初に提起される反論は、恐らく、彼女たちがフーコーの哲学の全体像についての考慮を欠いていたという点に向けられるであろう。彼女たちの問題提起は、後期フーコー（『快楽の活用』や『自己への配慮』を中心とする倫理学の時期）を経由することで、さらに興味深い展開を見せるはずである。

（13）Ransom［1997］pp.171-178.

（14）Ibid., p.171.

（15）Bernstein［1989］.

（16）Ransom［1997］p.173.

（17）Foucault［1982e］p.15（一一頁）。

（18） Ransom［1997］p.172.

（19） Ibid., pp.172-173. また、フーコーは個人権の問題について次のように述べている。「個人権の尊重という名の下に、望み通りの行為が許されるということは、素晴らしいことだ。しかし、もし私たちの望みが新しい生活様式を創造することであるとしたら、その場合、個人権の問題は適切ではない。実際、私たちは、結び得る関係が極端に少なく、過度に単純化され、極めて貧困な法的、社会的、制度的世界に住んでいるのである。」Foucault［1982b］p.38. ここには、権利という形態がその内実において諸個人の生存様式を規定しているとする主張を見て取ることができるだろう。

（20） 関良徳［1997］一一〇-一一一頁。

（21） Foucault［1982c］.

（22） こうした「倫理」の形態は、ルネサンスの時代とボードレールら一九世紀のダンディズムに見られるという。しかし、前者は少々アカデミックな形式のものであり、後者はエピソードでしかないとフーコーは論じている。Foucault［1983］p.245（三三一頁）。

（23） Foucault［1983］p.244（三三一頁）。

（24） Ibid., p.231（三一一頁）。

（25） Kolodny［1996］p.65.

（26） Walzer［1982］p.52. この批判へのフーコー自身による応答は Foucault［1984e］.

（27） Kolodny［1996］p.65.

（28） Ibid., p.69.

（29） Ibid., p.65. ここでいう徳性は、価値倫理学でいわれるような絶対視されるべきものとしての「徳」を意味するものではなく、規範理論と哲学者の倫理的感覚とをつなぐ理論化されざる部分としての「徳性」を意味する。

（30） Foucault［1984d］.

（31） これは、フーコーが「啓蒙の脅迫（le chantage à l'Aufklärung）」という言葉で呼んだものである。Foucault［1984d］p.571（一〇頁）を参照。

（32） Dreyfus／Rabinow［1986］p.110（三六一頁）。

（33） Ibid., p.110（三六一頁）。

(34) フーコーは「啓蒙」と「批判」について次のように述べている。「批判とは、ある意味で、啓蒙の中で成長してきた理性の手引きである。それゆえに、逆にいえば、啓蒙は批判の時代である。」Foucault [1984d] p.567 (七頁)。フーコーの政治思想的エッセンスとして、「啓蒙」論から「批判」を取り出そうとする試みは、バーンスタインらによっても行われている。Bernstein [1989] を参照。

(35) Dreyfus/Rabinow [1986] p.118 (三七一頁)。

(36) Habermas [1990] S.15-16, 20 (一三、一六-一七頁)。

(37) Ibid., S.20 (一七頁)。

(38) Dreyfus/Rabinow [1983] p.211 (二九〇-二九一頁)。

(39) Ransom [1997] p.176.

(40) Connolly [1991].

(41) Foucault [1984d] p.566 (七頁)。

(42) Plant [1991] p.2.

(43) Simmons [1995] p.53.

(44) Ibid.,p.53.

(45) フーコーは次のように述べている。「重要なのは、真理は権力の外にも、権力なしにも存在しないということであるように思われる。」Foucault [1977a] p.158 (九四頁)。

(46) 私がここで想定しているのは『言葉と物』における「人間」についての考察だけでなく、『監獄の誕生』から「生―権力」の概念に至る一連の「主体化」に関わる権力についての分析をも含むものである。

(47) Simmons [1995] p.53.

(48) Foucault [1977a] p.150.

(49) Ibid.,p.150. J・シモンズは、フーコーの議論がアメリカよりもフランスに妥当するものであることを確認している。その理由として、彼は、フランスの共和制が君主制の後に生起したものであるのに対し、アメリカは当初から個人権を認め、権力を分割し、諸権力が互いに抑制・均衡するシステムを採用してきたことを挙げている。Simmons [1995] p.52. 確かに、これらの制度は権力の集中を防ぐ制度としてアメリカでは十分に機能していると言えよう。しかし、アメリカ国内の多数派が自らの政治的価値を自明のものとして前提し、少数派を支配するような場合には、フーコーの議論はアメリカにも妥当する。さらに付言すれば、フランス・アメリカ両国の哲学的伝統と法体系の相違にも注目する必要があるだろう。

(50) 本書第一章第4節及びFoucault [1997] p.43を参照。

(51) Foucault [1977b] pp.143-144 (一一六頁)。

(52) Foucault [1976b] pp.90-91／Foucault [1997] p.16.

(53) Neocleous [1996] などを参照。

(54) Foucault [1984d] p.574 (一一頁)。

(55) Ibid.,p.574 (一一頁)。

(56) Ibid.,p.574 (一一頁)。

(57) Ibid.,p.574 (一一頁)。このようなカント理解から、フーコーとカントにおける「自律性(autonomy)」概念の相違が明らかとなる。すなわち、カントでは、人間的欲望や他の経験的諸傾向といった他律的事項から自由な場合に理性は自律性を獲得するとされたが、フーコーの場合、自律的な主体は、合理性の本質的中心に自らを委ねるからではなく、自らを現在の姿に作り上げた諸限界を主体自身が乗り越え可能である限りにおいて、自由であると考えられることになる。Simmons [1995] p.17を参照。

(58) Simmons [1995] p.117.

(59) Litowitz [1997] pp.65-86.

(60) 人々が「ポジティヴ・ユートピア」と考えているものは、政治外在的な政治哲学によって描かれた最悪のシナリオであるということを私たちは反省すべきであろう。「実際、もう一つ別の社会、もう一つ別の思考様式、もう一つ別の文化、もう一つ別の世界観についての全体的プログラムを与えるために、現況のシステムを逃れ出ようという主張が、事実においては、最も危険な諸々の伝統を更新することにしか導かなかったことは、私たちの経験の知るところである。」Foucault [1984d] p.575 (一一二頁)。

第六章

(1) Thiele [1990] p.907.

(2) 本書第二章及びRajchman［1985］を参照。

(3) Foucault ［1976b］ pp.89－92／Foucault ［1997］pp.15-19.

(4) Foucault［1982a］p.221（三〇一頁）。

(5) フーコーは次のように述べている。「自由は権力が行使されるために存在しなければならないがゆえに権力の前提条件であると同時に、反抗の可能性なしには権力が物理的な決定と等しくなってしまうがゆえに権力の永遠の支えでもある。」Foucault［1982a］p.221（三〇二頁）。

(6) Foucault［1984c］pp.710-711.

(7) 本書第二章第2節参照。

(8) Foucault［1982a］p.222（三〇三頁）。

(9) 井上達夫［1994］六二頁。

(10) 前掲書、六二頁。

(11) 前掲書、六八頁。

(12) 東京高判・昭和六〇・八・二六・判時一一六三号四一頁、札幌高判・昭和五三・五・二四・判時八八八号二六頁、最判・昭和六〇・一一・二一・民集三九巻七号一五一二頁などを参照。

(13) 但し、合意を基礎とする民主主義は、代表を政治過程に送り込む機会を少数者から奪っていないため、この点については対立を基礎とする民主主義に比して問題となりがたい。

(14) 石山文彦［1996］五七頁。

(15) 杉田敦［1995］三一〇頁。

(16) Taylor［1994］.

(17) 杉田敦［1995］三一五-三一六頁。

(18) 規律化の圧力と民主主義が密接な関係にあることはコノリーが指摘している。Connolly［1987］.

(19) Foucault［1982a］p.222（三〇七頁）英訳者の註記。

(20) Connolly［1991］p.213.

＊ 本章は井上達夫の議論に多くを負っているが、その正義論を念頭においたものではない。井上は「闘争的敬意から正義へ」と題された章において、「正義の基底性」を基軸としながらコノリーの所説を批判的に検討している（井上達夫［1999］第七章第3節を参照）。ここでは詳しく論じないが、井上の掲げる「正義の基底性」は、

コノリーが曖昧なままに言い含んでいる「生の多様性への配慮」と「生の基本権」との関係性を鋭く衝いているようにも思われる。Connolly [1991] p.213（三九五頁）参照。しかし、自他の立場を反転させることによって公共的理由の受容可能性を決する「正義のテスト」は、自己と他者相互の批判と応答の可能性なしには実現され得ないと考えられる。それゆえ、私たちは闘技性のエートスとその在り方に注目していく必要があるだろう。

第七章

（1） その一例として、Schwartz／Friedrichs [1994]、Sparks [1994] などが挙げられよう。さらに、小野坂・藤本 [1992] を参照。

（2） Hunt／Wickham [1994]. これについては、関良徳 [1996] を参照。

（3） フーコー哲学の法学領域における研究が遅れた原因として、ハントらは次の二つを挙げている。①フーコーの研究・著作が直接的に法の問題に言及するものではなかったこと、②英米を中心とする法学研究の知的偏狭性（Hunt／Wickham [1994] p.vii）。しかし、この法学的偏狭性から彼らが切り離されているか否かは議論の余地があるだろう。

（4） Baxter [1996] pp.461-465.

（5） Hunt／Wickham [1994] pp.39-71.

（6） Ibid., p.39.

（7） Foucault [1976a] p.119（一一七頁）。

（8） Ibid., p.117（一一五-一一六頁）。Hunt／Wickham [1994] p.44.

（9） Hunt／Wickham [1994] p.44.

（10） Ibid., p.59.

（11） Hart [1994] chap.2. ハントらがフーコー批判の論拠として挙げたのは、法が刑法に還元され得ない多様な形態・内容を有するという点、さらには、法が権力形態や統治形態の変化に重要な役割を果たしてきたとする法史的観点の欠如などである。（Hunt／Wickham [1994] p.60）

（12） この点については、バクスターもハントらの見解に同意している。Baxter [1996] p.464.

(13) Foucault [1975] pp.185-186（一八六−一八七頁）。Beck [1996] p.495.
(14) Foucault [1976a] pp.108-120（一〇七−一一八頁）。また本書第１章を参照。
(15) Foucault [1975], Foucault [1976] pp.106-118（一〇七−一二〇頁）など参照。
(16) もちろん、ここでいう「表象」や「イメージ」は、単なる幻想ではなく、現実の行動様式と結び付いた思考様式として理解されねばならない。人々はこのイメージを現実の場面において受け取り、そのイメージに基づいて自らの行動を組み立てるのである。Foucault [1977b] p.141（一一一頁）。
(17) Foucault [1976a] p.113（一一二頁）。
(18) Foucault [1976b]／Foucault [1997], Foucault [1975] pp.224-225（二二三頁）。さらに、本書第１章第3節を参照。
(19) それゆえ、ルールを基礎とするハートの法理論が、フーコー的意味での権力という問題を曖昧にしてしまっているとする批判もある（Beck [1996] p.496)。
(20) Foucault [1976a] p.118（一一六頁）。
(21) 本書第１章第1節及び第二章第1節を参照。
(22) Foucault [1976b] p.107／Foucault [1997] p.34.
(23) Foucault [1975] pp.223-225（二二一−二二三頁）。
(24) Ibid., p.223（二二一−二二二頁）。
(25) Hunt／Wickham [1994] pp.61-62. さらに、Merquior [1985].
(26) フーコーとアルチュセールの類似性を強調する研究としては、桜井哲夫 [1996] 二一一−二一四頁がある。また、両者を比較して、その差異を明確化する研究としては、中山元 [1996] 一三六頁がある。
(27) Foucault [1977a] pp.146-149（八三−八六頁）。「イデオロギー」という観念を用いようとしない理由として、フーコーは次の三つを挙げている。①イデオロギーは常に「真理」と潜在的に対置されている。②イデオロギーの観念は、必ず「主体」に準拠している。③イデオロギーは、その下部構造に対して一歩退いた位置にある。

（28） Beck［1996］pp.494-495.
（29） Foucault［1976b］p.102／Foucault［1997］p.30.
（30） Ibid.,p.106／pp.33-34.
（31） Foucault［1975］p.224（二二二頁）。
（32） Ibid.,p.224（二二二-二二三頁）。
（33） Ibid.,p.224（二二二頁）。
（34） Ibid.,p.224（二二二-二二三頁）。
（35） Ibid.,p.224（二二二頁）。
（36） Baxter［1996］p.463.
（37） Foucault［1975］p.180（一八二頁）。
（38） 本書第二章第1節を参照。
（39） Foucault［1976a］p.190（一八二頁）。
（40） 労使関係についての分析としては、Moore Jr.［1993］及びBarenberg［1994］。同性愛に関する法律を題材としたものとしては、Thomas［1992］。アファーマティヴ・アクションをめぐる議論はYount［1993］に詳しい。
（41） アメリカ連邦最高裁がこのジョージア州法を合憲としたのは、一九八七年のことである。
（42） Thomas［1992］pp.1478-1490.
（43） Ibid., pp.1479-1481.
（44） Foucault［1976a］p.121（一一九頁）。
（45） もちろん、トーマスは、フーコーの権力論が国家制度の重要性や有効性を否定するものではないということに十分な注意を払っている。また、政治的なものがまとっている諸形態をイデオロギーや幻想として理解しようとする立場からも離れている（Thomas［1992］pp.1480-1481）。
（46） Thomas［1992］pp.1464.
（47） Ibid.,pp.1481-1482.
（48） Moore Jr.［1993］p.169.
（49） Ibid., p.171.これは代償ドクトリン（quid pro quo doctrine）と呼ばれるものである。また、この契約に違反してストライキ権を行使した場合には、当然、罰則が課される。
（50） Ibid., p.172.
（51） Ibid., p.168.
（52） Ibid., p.173.
（53） Ibid., p.181.
（54） 本書第一章第2節を参照。
（55） 本書第五章第1節の議論を参照。

(56) Yount [1993] p.194. なお、この論文は土屋恵一郎 [1996] 七二-九六頁でも取り上げられている。

(57) Ibid., pp.196-198.

(58) Ibid., pp.218-219.

(59) Ibid., p.219.

(60) Ibid., pp.219-224.

(61) こうした議論は、アメリカ合衆国における黒人同化政策を前提とするものである。しかし、こうした「同化」策とは異なる方向性を示そうとする議論も近時有力である。Kymlicka [1989] などを参照。

(62) Yount [1993] p.228. さらに、川本隆史 [1995] 二〇六-二〇八頁を参照。川本はフーコーの系譜学とギリガンの「ケア」との出会いが抵抗の可能性を開くと論じている。

(63) こうした方向性を明確にした議論としては、和田仁孝 [1996] がある。

(64) Foucault [1982a] p.212 (二九一頁)。

(65) Ibid.,p.212 (二九一頁)。

(66) 市野川容孝 [1997] などを参照。

(67) Gros [1996] pp.116-121 (一三八-一四二頁)。

(68) 川本隆史 [1991] 一六四-一八四頁。

第八章

(1) フーコーの「権利」論については、主に次の資料を参考にした。Foucault [1976b], Foucault [1976a], Foucault [1977c], Keenan [1987].

(2) 本章で扱われる「新しい権利」とは、フーコーが自らの権力論の文脈において提示した概念であって「環境権」や「プライバシー権」など法学領域で一般に使用されている意味での「新しい権利」ではない。後者の「新しい権利」が新たな権利領域の発生を示唆するとすれば、彼の主張する「新しい権利」は新たな権利概念の創出というべきものである。

(3) Foucault [1976b] p.93／Foucault [1997] p.22.

(4) これは、フーコーとチョムスキーとの有名な討論の副題でもある。Chomsky and Foucault

［1971］. ここでの問いの形式はチョムスキー的な思考によるものである。

（5） Foucault［1976b］p.94／Foucault［1997］p.23.

（6） Ibid., p.95／pp.23-24.

（7） Ibid., p.93／p.22.

（8） Gros［1996］pp.57-58（七一-七二頁）。

（9） Foucault ［1976b］ pp.95 - 96 ／ Foucault［1997］p.24.

（10） Ibid., p.105／Ibid, p.33.

（11） 本書第一章及び第二章、Foucault ［1976a］chap.4（第四章）などを参照。

（12） Foucault［1976b］p.105／Foucault［1997］p.33.

（13） 本書第七章第2節を参照。

（14） Foucault［1975］p. 224（二二二頁）。

（15） Foucault ［1976b］ p.107／Foucault ［1997］pp.34-35. Foucault ［1976a］ p.190 （一八二頁）。

（16） Foucault［1976b］p.108／Foucault［1997］p.35.

（17） Foucault［1976a］p.191（一八三頁）。

（18） Ibid., pp.117-118（一一六頁）。

（19） Hunt／ Wickham［1994］pp.61-64.

（20） 重田（米谷）園江［1997a］. 特に自己決定権と主体化についての批判的検討を参照。

（21） 権利主体の社会的標準が形成されるプロセスは複線的かつ複層的であり、その系譜の全体を明らかにする作業はこれからの課題である。子供や老人の権利能力については、一見すると伝統的な価値基準に従っているように思われるが、能力の有無を判定する基準は、医学や心理学といった人間諸科学の他に、社会統計学などから得られた知識、あるいは社会政策的な観点などから今日でも変化を続けているのである。

（22） この点でフーコーとロールズとの差異が明確化される。Rawls［1969］参照。

（23） Foucault et al［1978］p.32（一六〇頁）。

（24） ミラー［1993］二八三頁。

（25） Fraser［1985］pp.196-207.

（26） Foucault ［1977a］ pp.154 - 160 （八六 - 九八頁）。

（27） Keenan［1987］pp.20-21.

(28) 私たちが「価値判断の変化」と信じているものは、実は「事実判断の変化」に過ぎないとする立場がある。加藤尚武［1997］二三〇-二三二頁。この立場は価値判断の普遍性を謳うものであるが、それは必然的に価値判断の実質効果が事実判断に大きく依存しているということを示唆している。それゆえ「権利」についての事実判断に変更を加えようとする行為実践は、その結果として新たな規範的効果を生み出すことが期待されるだろう。

(29) Ferry／Renaut［1985］chap.3（第三章）。

(30) Ivison［1998］p.139.

(31) Ibid., pp.139-140.

(32) 前国家的な権利とはいわゆる「自然権」である。しかし、今日的な文脈では国家に依存しない権利として再構成することもできる。例えば、「国際連合憲章」（一九四五年）の前文や「世界人権宣言」（一九四八年）、「国際人権規約」（一九六六年）などに見られる権利の形態である。

(33) ここでいう「個別的権利」と普遍的「人権」とが直接的に結び付いているとすれば、差異を有する個々人が共通の基盤に立ってコミュニケーションを実現する可能性も生まれるだろう。このとき、フェリらによって指摘されたポスト・モダンの野蛮さが解消されることになる。もちろん、彼らはその可能性がフーコーにおいて皆無であることを示唆しているが。

(34) この要求が「人権」の破壊や拒絶、拒否を含意するものでないことは、彼の政治的実践から既に明らかであろう。

(35) op.cit., p.142.

(36) 本書第一章第4節を参照。

(37) Foucault［1997］pp.44-46.

(38) Ibid., p.46.

(39) Keenan［1987］pp.20-21.

(40) このようなフーコーの問題提起はH・アーレントの難民をめぐる議論と比較的近いように思われる。しかし、彼女の「抵抗の政治」がフーコーの議論と一致するわけではない。千葉真［1996］六七-六八頁、一九一-一九七頁を参照。

(41) Ivison［1998］p.142.

(42) 本書第五章を参照。

(43) Foucault［1976a］pp.125-127（一二三-一二二

四頁)。

(44) 本書第二章第2節を参照。

(45) 杉田敦［1989］六二-六三頁。

(46) Foucault［1984c］pp.728-729.

(47) 監獄情報グループ (Groupe d'Information sur les Prisons) は一九七一年にフーコーによって設立された。これについては本書第九章で詳述する。

(48) Foucault, Domenach, and Vidal-Naquet［1971b］p.175.

(49) Foucault［1972a］p.304.

(50) Keenan［1987］p.21.

(51) このような「個別的な真理」を語る権利あるいは「ローカルな知」を軸に異議申し立てを続ける権利とは、諸々の権力によって産出される真理とそのレジームに対する抵抗の実践である。そして、私たちはこの抵抗実践を「パレーシア」というフーコー最晩期の主題と結び付けることができるだろう。すなわち、それは、普遍的知識や社会的通念、為政者によって強制された政策、多数者側の見解など、それらへの抵抗自体が自らの立場を危うくするほど強固に確立された「真理」に対して敢えて批判をおこなうことで、その再問題化を果たそうとするものである。フーコーは、アテナイの民主制や哲学者と僭主との間の私的な関係、犬儒派の哲学などにパレーシアの実践を見い出しているが、それらは危機的な状況に瀕してまでも各人の真理を語り続けるという批判実践に他ならない。この地点で、彼が導入した新しい権利はパレーシアの概念に重なり合うのである。しかし、囚人や難民たち自身がこうした批判や再問題化の作業を自ら実現していくことは、残念ながら不可能であろう。実際の危機に直面している彼らにそうした余裕は有り得ず、特権的な知識体制に抵抗するための十分な理論武装もなし得ないというのが現実である。それゆえ、実質的には「特定領域の知識人」が彼らの権利主張のための道具を揃えるべく、既存の知識体制を再問題化していく必要があるだろう。しかし、それは決して彼らの生き方についての代替案の追究や知識人主導の代弁であってはならず、知識人もまた彼らとともに闘いを続ける「パレーシアステース」としての位置を占めねばならないのである。本書第二章第3節を参照。

(52) Foucault [1984e] pp.381-382.

(53) Foucault [1983] p.231 (三二一-三二二頁)。

第九章

(1) Foucault, Domenach, and Vidal-Naquet [1971b] pp.174-175.

(2) Gros [1996] p.8 (一四頁)。

(3) 監獄情報グループの活動は今日的意味での「情報公開」を目指したものであると理解することも可能であろう。なお、わが国でも「監獄人権センター」が情報公開から訴訟にいたる幅広い活動をおこなっている。海渡雄一編 [1995] 参照。

(4) Macey [1993] p.258.

(5) このアンケートは「許し難さのアンケート(enquête-intolérance)」と呼ばれ、後に計四冊の報告書として出版された。Foucault [1971c] p.176を参照。

(6) Foucault [1971d] p.195-197.

(7) 松葉祥一 [1997] 一八二-一八四頁。

(8) 前掲論文、一八二頁。

(9) 前掲論文、一八三頁。

(10) Domenach [1984]. ドムナクは、フーコー追悼文の中で次のように語っている。「これ(フーコーの構想)は、従来の戦闘的行動と訣別することである。作戦計画も立てず、支持者たちを組織立てることもなく、ただ、実態を調査し、囚人たちに耳を傾け、その声を伝達しながら、沈黙の壁を飛び越してとんでもない実態を叫ばせるようなグループを作ろう、というのだから。」(括弧内は引用者)

(11) Ibid. フーコーがこの運動のために莫大な研究時間を犠牲にしたことは事実だが、その一方で彼がこの運動から多くの発想を得ていることも事実である。

(12) Gros [1996] p.8 (一四頁)。

(13) Domenach [1984] (四二頁)。

(14) 松葉祥一 [1997] 一八二頁。

(15) 知識人の形態についての議論は、Foucault [1978b] などを参照。

(16) Macey [1993] p.289.

(17) 大沢秀介［1988］三五-三九頁。なお、制度改革訴訟の代表的な事例としては、他に精神病院改革（Wyatt v. Stickney がよく知られている）が挙げられる。

(18) Eisenberg／Yeazell［1980］pp.470-472.

(19) Fiss［1979］, 小林秀之［1983］一六-一七頁。

(20) 当然ながら、憲法的価値とその解釈についても積極的な再問題化がなされなければならないだろう。

(21) 多くの公共訴訟で、裁判所が判決後も事件に関与し続け、管轄権を引き続き留保するのは、制度に対する批判とさらなる改革の連続的過程として訴訟を捉えているためであると考えられる。Chayes［1976］pp.1298（二三頁）を参照。

(22) Chayes［1976］pp.1314-1316（四七-四九頁）。

(23) 小林秀之［1983］一八-一九頁。

(24) 「特別補助裁判官」は裁判所の判決を履行するために必要とされる様々な職務を裁判所と密接な連絡を取りながら行なう者である。「裁判所の友」は訴訟で当事者によって提起されてはいない重要な点について裁判所に対して助言する者である。大沢秀介［1988］五〇、八六頁。

(25) ここでいう「修正」は全体の合意を念頭におくものではなく、互いに対立する価値を有する人々の間での闘技的関係性と彼らの相互依存性への自覚とによって徐々に実現されるべきものである。本書第六章を参照。

(26) 本書第六章第2節を参照。

(27) しかし、司法プロセスにおける救済は「人権」という普遍的規範に身を任せ、その原理に安住することを意味するものではない。「普遍的に受け容れられた人権」という私たちの幻想に対して囚人たちがおこなった内在的批判は、人権という規範的価値の新たな展開を創出したと解することもできるであろう。

あとがき

本書は、私が一九九九年一月に一橋大学大学院法学研究科に提出した博士論文「ミシェル・フーコーの権力論と法の問題」に加筆と修正を施したものである。題名から推察される通り、フーコーの権力論による法的領域の問題化を企図しているが、それと同時に、彼の所説と規範理論や政治理論との関わりについても論じている。

＊

私が大学に入学した一九九〇年当時、既に現代思想ブームは下火になりつつあったように思う。多くの哲学者や思想家は紹介されつくされ、大部分の著作が翻訳されていた。そうした状況の中で、私はフーコーの著作からインパクトを受けながらも、法学部で彼の哲学や思想を研究することはまず不可能だろうと予想していた。しかしながら、三年次の上原行雄先生のゼミでF・エヴァルド（コレージュ・ド・フランスでフーコーの助手を務めた哲学者）の論文に触れ、四年次の森村進先生のゼミではC・テイラーの大著『自我の源泉』(フーコーら新ニーチェ主義への批判を含む)を読むという幸運に恵まれた。この時、私はフーコーを法学領域で研究することも不可能ではないと確信したのであった。そして、一九九四年には、私の予想に反して、A・ハントとG・ウィッカムの共著『フーコーと法』が出版されたのである。私はこの時、フーコーが現代法理論にとって極めて重要な思想家の一人となりつつあることに気付いたのであった。

フーコーの権力論は『監獄の誕生』に見られる通り、歴史叙述による近代社会への批判として提示されている。なかでも、近代的な自由の概念と規律権力との関係性を指摘する彼の批判的文脈は私にとって興味深いものであった。しかし他方で、「それならば、フーコーはいかなる自由を追い求めているのか」という問いが私の中にはあった。そこで、私は、権力論よりも先に彼の自由論を研究し、自由論的視角から権力論を再構成するという戦略を取ったのである。結果として、これまでのフーコー研究とは異なる位相で彼の権力論を捉えることができたように思われる。特に、権力論と規範理論との関係性や民主主義における権力関係、彼独特の抵抗実践や権利論についても幅広く論じることができたように思われる。このような過程を経ることで、法や政治の領域を問題化するという目的にも近づけたのではないかと思う。

ともあれ、本書は私の処女作である。初歩的な誤りや稚拙な表現、不十分な分析など多々あるかと思うが、それらについては忌憚のないご意見をいただければ有り難く思う。同時に、研究者として成長していく上で有益な批判を賜ることができれば幸いである。

なお、本書には既発表の論文を利用した部分がある。第四章は「『ミシェル・フーコーと法哲学及び政治哲学』への序説」『一橋論叢』第一二〇巻第一号（一九九八年）に加筆修正を加えたものであり、第六章は「民主主義と権力関係――ミシェル・フーコーと政治哲学の問題」『一橋研究』第二三巻第二号（一九九八年）に加筆修正を施したものである。

＊

大学院指導教授の森村進先生（一橋大学）には学部学生時代から様々な場面でお世話とご指導を賜ってきた。この場を借りて深く感謝したい。先生は私の研究について一切指図されなかった。「自由放任主義」が法哲学界の伝統であるなら、先生も間違いなくその伝統を受け継いでおられると思う。しかし、私の研究に関わる書物をその都度紹介して下さったり、研究発表の機会を与えて下さるという、インプットとアウトプットの重要な場面で、私の研究は常に先生に支えられていた。この不肖の弟子に対する先生の励ましがなければ、本書の完成は有り得なかったであろう。

上原行雄先生（一橋大学名誉教授）には、学部ゼミに参加して以来ご指導を賜ってきた。学部時代の一年間は法哲学・法思想史を、大学院時代はフランス語を懇切丁寧に指導していただいた。また、折りに触れて先生からいただくコメントが私の研究の励みでもある。ここにあらためて感謝したい。

一橋大学の佐々木滋子先生、青木人志先生には、日頃のご指導とともに博士論文審査の際にいただいた厳しくも有益なご批判・ご助言に感謝申し上げたい。私がティーチング・アシスタントとしてお会いしたとき以来、佐々木先生はフーコーに関する多くの著作を私に示して下さった。また、フランス語訳や論文の体裁などについて丁寧なご指摘をいただき、幾度となく自らの論文を振り返る機会を与えて下さった。青木先生は、私が練りきれていない部分を簡潔に示して下さると同時に「法」へのアプローチを常に失わないよう厳しくも温かい励ましを下さった。

井上達夫先生（東京大学）には、学会や東京法哲学研究会などにおいて、貴重なご助言をいただいた。特に、本書第九章で取り上げられる監獄改革と制度改革訴訟に関わる部分は、先生がご紹介下さった一冊の書物を研究の起点としている。また、第六章は先生のご研究から着想を得たものであり、その意味で本書は井上先生に極めて多くを負っている。この場を借りて感謝したい。

川本隆史先生（東北大学）には、一橋大学でのゼミや現代倫理学研究会などの場面で、多くのご教示をいただいた。とりわけ、社会倫理学領域におけるフーコー研究の先達として、直接のアドバイスはもちろん、先生のご著書・ご論文からも、その倫理的感性を学ばせていただいている。先生が法哲学への越境をなさらなければ、法学領域でフーコーを研究するための条件は整わなかったであろう。ここにあらためて感謝したい。

私が現在勤務している一橋大学大学院法学研究科の西村幸次郎先生、山内進先生、屋敷二郎先生からは、法文化構造論大講座における報告や議論の機会を通じて常に知的刺激をいただいている。

また、本講座に参加している基礎法および実定法専攻の大学院生の熱心さに励まされることも多い。特に、屋敷先生と大学院博士課程の鳥沢円さんとは電子メールを含む様々な場面で意見を交わすことも多く、孤独になりがちな研究生活に貴重な刺激をいただいている。

私の研究生活を支えてくれた三人の方々にもお礼を申し上げたい。学部学生時代から大学院まで素晴らしい環境を提供してくれた両親。お二人の理解なくしては全てが有り得なかっただろう。そして、法学部に入学した私に哲学と思想の面白さを教えてくれた親友、小林創さん(大阪府立大学)。本書はこの三人の方たちに捧げられる。

最後になったが、本書を出版するにあたって、勁草書房編集部の徳田慎一郎氏にはひとかたならぬご尽力をいただいた。問題意識を共有できる同年代の編集者は単に私を励ますだけでなく、時には論争相手として、時には仮想の読者として私に省察の機会を与えてくれた。心より感謝申し上げたい。

二〇〇一年一月の記念日に

関　良徳

人名索引
(アルファベット順)

事項索引
（50音順）

サ　行

タ　行

参考文献

ミシェル・フーコー

Foucault, M., 1954, "Introduction", L. Binswanger, *Le rêve et l'existence*, Paris : Descleé de Brouwer. 荻野恒一訳「序文」ビンスワンガー『夢と実存』みすず書房，1960年。

Foucault, M., 1961, *Folie et déraison : Histoire de la folie à l'âge classique*, Paris : Plon. 田村俶訳『狂気の歴史――古典主義時代における』新潮社，1975年。

Foucault, M., 1962, *Maladie mentale et psychologie*, Paris : P. U. F. 神谷美恵子訳『精神疾患と心理学』みすず書房，1970年。

Foucault, M., 1966, *Les Mots et les choses : Une archéologie des sciences humaines*, Paris : Gallimard. 渡辺一民・佐々木明訳『言葉と物――人文科学の考古学』新潮社，1974年。

Foucault, M., 1969, *L'archéologie du savoir*, Paris : Gallimard. 中村雄二郎訳『知の考古学』河出書房新社，1970年。

Foucault, M., 1970, *L'ordre du discours*, Paris : Gallimard. 中村雄二郎訳『言語表現の秩序』河出書房新社，1972年。

Foucault, M., 1971a, "Nietzsche, la généalogie, l'histoire" in D. Defert and F. Ewald eds., *Dits et écrits 1954-1988 par Michel Foucault*, tome II, Paris : Gallimard, 1994. 伊藤晃訳「ニーチェ・系譜学・歴史」『パイディア』11号，竹内書店，1972年。

Foucault, M., Domenach, J-M. and Vidal-Naquet, P., 1971b, "Creation d'un 'Groupe d'Information sur les Prisons' (Manifeste du G.I.P.)" in D. Defert and F. Ewald eds., *Dits et écrits 1954-1988 par Michel Foucault*, tome II, Paris : Gallimard, 1994.

Foucault, M., 1971c, "Sur les Prisons" in D. Defert and F. Ewald eds., *Dits et écrits 1954-1988 par Michel Foucault*, tome II, Paris : Gallimard,

1994.

Foucault, M., 1971d, “Préface” in D. Defert and F. Ewald eds., *Dits et écrits 1954-1988 par Michel Foucault*, tome II, Paris: Gallimard, 1994.

Foucault, M., 1972a, “Le grand enfermement: entretien avec N. Meienberg” in D. Defert and F. Ewald eds., *Dits et écrits 1954-1988 par Michel Foucault*, tome II, Paris: Gallimard, 1994.

Foucault, M., 1972b, “Sur la justice populaire: Débat avec les maos” in D. Defert and F. Ewald eds., *Dits et écrits 1954-1988 par Michel Foucault*, tome II, Paris: Gallimard, 1994.

Foucault, M., 1975, *Surveiller et Punir: Naissance de la prison*, Paris: Gallimard. 田村俶訳『監獄の誕生――監視と処罰』新潮社，1977年。

Foucault, M., 1976a, *Histoire de la sexualité I: La volonté de savoir*, Paris: Gallimard. 渡辺守章訳『性の歴史Ｉ　知への意志』新潮社，1986年。

Foucault, M., 1976b, “Two Lectures” trans. K. Soper in C. Gordon ed., *Power/Knowledge: Selected Interviews and other Writings 1972-1977 by Michel Foucault*, New York: Pantheon Books.（コレージュ・ド・フランスでおこなわれた二つの講義の英訳。なお，この年度の講義全体は Foucault, M., 1997, *Il faut défendre la société* として出版されている。）

Foucault, M., 1977a, “Entretien avec Michel Foucault” in D. Defert and F. Ewald eds., *Dits et écrits 1954-1988 par Michel Foucault*, tome III, Paris: Gallimard, 1994. 北山晴一訳「真理と権力」桑田禮彰・福井憲彦・山本哲士編『ミシェル・フーコー――1926-1984 権力・知・歴史』新評論，1984年，所収。

Foucault, M., 1977b, “Pouvoirs et stratégies” in D. Defert and F. Ewald eds., *Dits et écrits 1954-1988 par Michel Foucault*, tome III, Paris: Gallimard, 1994. 大木憲訳「権力と戦略」桑田禮彰・福井憲彦・山本哲士編『ミシェル・フーコー――1926-1984 権力・知・歴史』新評論，1984年，所収。

Foucault, M., 1977c, “Va-t-on extrader Klaus Croissant?” in D. Defert

and F. Ewald eds., *Dits et écrits 1954-1988 par Michel Foucault*, tome III, Paris : Gallimard, 1994.

Foucault, M. et al., 1978a, "Table ronde du 20 mai 1978" in D. Defert and F. Ewald eds., *Dits et écrits 1954-1988 par Michel Foucault*, tome IV, Paris : Gallimard, 1994. 尾崎浩・桑田禮彰・福井憲彦訳「歴史と権力」桑田禮彰・福井憲彦・山本哲士編『ミシェル・フーコー——1926-1984 権力・知・歴史』新評論，1984年，所収。

Foucault, M., 1978b, "Du pouvoir : un entretien inédit avec Michel Foucault" in *L'Express*, 13 juillet 1984. 桑田禮彰訳「権力について——『狂気の歴史』から『セクシャリテの歴史』まで」桑田禮彰・福井憲彦・山本哲士編『ミシェル・フーコー——1926-1984 権力・知・歴史』新評論，1984年，所収。

Foucault, M., 1979, "Omnes et singulatim : Towards a Criticism of Political Reason" in *The Tanner Lectures on Human Values II*, Salt Lake City : University of Utah Press, 1981. 田村俶訳「全体的なものと個別的なもの」『現代思想』15巻 3 号，青土社，1987年。

Foucault, M., 1982a, "The Subject and Power" in H. Dreyfus and P. Rabinow, *Michel Foucault : Beyond Structuralism and Hermeneutics*, Second edition, Chicago : The University of Chicago Press, 1983. 山田徹郎訳「主体と権力」井上克人ほか訳『ミシェル・フーコー——構造主義と解釈学を超えて』筑摩書房，1996年，所収。

Foucault, M., 1982b, "The Social Triumph of the Sexual Will : A Conversation with Michel Foucault" in D. Defert and F. Ewald eds., *Dits et écrits 1954-1988 par Michel Foucault*, tome IV, Paris : Gallimard, 1994.

Foucault, M., 1982c, "Technologies of the Self" in L. H. Martin, H. Gutman and P. H. Hutton eds., *Technologies of the Self : A Seminar with Michel Foucault*, Amherst : University of Massachusetts Press, 1988. 田村俶訳「自己のテクノロジー」『自己のテクノロジー——フーコー・セミナーの記録』岩波書店，1990年，所収。

Foucault, M., 1982d, "The Political Technology of Individuals" in L. H. Martin, H. Gutman and P. H. Huttoneds., *Technologies of the Self :*

A Seminar with Michel Foucault, Amherst: University of Massachusetts Press, 1988. 田村俶訳「個人にかんする政治テクノロジー」『自己のテクノロジー――フーコー・セミナーの記録』岩波書店，1990年，所収。

Foucault, M., 1982e, "Truth, Power, Self: An Interview with Michel Foucault" in L. H. Martin, H. Gutman and P. H. Hutton eds., *Technologies of the Self : A Seminar with Michel Foucault*, Amherst: University of Massachusetts Press, 1988. 田村俶訳「真理・権力・自己――ミシェル・フーコーに聞く」『自己のテクノロジー――フーコー・セミナーの記録』岩波書店，1990年，所収。

Foucault, M., 1983, "On the Genealogy of Ethics: An Overview of Working Progress" in H. Dreyfus and P. Rabinow, *Michel Foucault : Beyond Structuralism and Hermeneutics*, Second edition, Chicago: The University of Chicago Press, 1983. 井上克人訳「倫理の系譜学について――現在手掛けている仕事の概要」井上克人ほか訳『ミシェル・フーコー――構造主義と解釈学を超えて』筑摩書房，1996年，所収。

Foucault, M., 1984a, *Histoire de la sexualité II : L'usage des plaisirs*, Paris: Gallimard. 田村俶訳『性の歴史II　快楽の活用』新潮社，1986年。

Foucault, M., 1984b, *Histoire de la sexualité III : Le souci de soi*, Paris: Gallimard. 田村俶訳『性の歴史III　自己への配慮』新潮社，1987年。

Foucault, M., 1984c, "L'éthique du souci de soi comme pratique de la liberté" (entretien avec H. Becker, R. Fornet-Betancourt, A. Gomez-Müller) in D. Defert and F. Ewald eds., *Dits et écrits 1954-1988 par Michel Foucault*, tome IV, Paris: Gallimard, 1994.

Foucault, M., 1984d, "Qu'est-ce que les Lumières" in D. Defert and F. Ewald eds., *Dits et écrits 1954-1988 par Michel Foucault*, tome IV, Paris: Gallimard, 1994. 石田英敬訳「『啓蒙』とは何か」『ルプレザンタシオン』5号，筑摩書房，1989年。

Foucault, M., 1984e, "Polemics, Politics and Problematizations" in P. Rabinow ed., *The Foucault Reader*, New York: Pantheon Books, 1984.

Foucault, M., 1989, *Résumé des cours 1970–1982*, Julliard.
Foucault, M., 1993, "About the Beginning of the Hermeneutics of the Self: Two Lectures at Dartmouth" in *Political Theory*, vol. 21 no. 2.
Foucault, M., 1997, *Il faut défendre la société: Cours au Collège de France. 1976*, Paris: Gallimard.

外国語

Austin, J., 1832, *The Province of Jurisprudence Determined*, W. E. Rumble ed., Cambridge: Cambridge University Press, 1995.
Barenberg, M., 1994, "Democracy and Domination in the Law of Workplace Cooperation: From Bureaucratic to Flexible Production" in *Columbia Law Review*, vol. 94 no. 3.
Baxter, H., 1996, "Bringing Foucault into Law and Law into Foucault" in *Stanford Law Review*, vol. 48 no. 2.
Beck, A., 1996, "Foucault and Law: the Collapse of Law's Empire" in *Oxford Journal of Legal Studies*, vol. 16 no. 3.
Berlin, I., 1969, *Four Essays on Liberty*, Oxford: Oxford University Press. 小川晃一・小池銈・福田歓一・生松敬三訳『自由論』みすず書房，1971年。
Bernauer, J. W., 1990, *Michel Foucault's Force of Flight: Toward an Ethics for Thought*, New Jersey: Humanities Press.
Bernstein, R. J., 1989, "Foucault: Critique as a Philosophical Ethos" in R. J. Bernstein, *The New Constellation: The Ethical-Political Horizons of Modernity/Postmodernity*, Cambridge: Polity Press, 1991. 谷徹・谷優訳「フーコー――哲学的エートスとしての批判」『手すりなき思考――現代思想の倫理-政治的地平』産業図書，1997年，所収。
Burchell, G., Gordon, C. and Miller, P. eds., 1991, *The Foucault Effect: Studies in Governmentality*, Chicago: The University of Chicago Press.
Chayes, A., 1976, "The Role of the Judge in Public Law Litigation" in

Harvard Law Review, vol. 89 no. 7. 柿嶋美子訳「公共的訴訟における裁判官の役割」『アメリカ法』1978年 no. 1。

Chomsky, N. and Foucault, M., 1971, "Human Nature: Justice versus Power" in F. Elders ed., *Reflexive Water: The Basic Concerns of Mankind*, London: Souvenir Press, 1974.

Connolly, W. E., 1987, *Politics and Ambiguity*, Madison: The University of Wisconsin Press. (chap. 1 "Democracy and Normalization" のみ邦訳されている。栗栖聡訳「民主主義と規範化」『山梨学院法学論集』25巻，1993年。)

Connolly, W. E., 1991, *Identity＼Difference: Democratic Negotiations of Political Paradox*, Ithaca: Cornell University Press. 杉田敦・齋藤純一・権左武志訳『アイデンティティー＼差異――他者性の政治』岩波書店，1998年。

Connolly, W. E., 1993, "Beyond Good and Evil: The Ethical Sensibility of Michel Foucault" in *Political Theory*, vol. 21 no. 3. 杉田敦訳「善悪の彼岸――ミシェル・フーコーの倫理的感性」『思想』846号，岩波書店，1994年。

Connolly, W. E., 1995, *The Ethos of Pluralization*, Minneapolis: University of Minnesota Press.

Defert, D. and Ewald, F., eds., 1994, *Dits et écrits 1954-1988 par Michel Foucault*, tome I-IV Paris: Gallimard.

Deleuze, G., 1986, *Foucault*, Paris: Minuit. 宇野邦一訳『フーコー』河出書房新社，1987年。

Deleuze, G., 1990, *Pourparlers*, Paris: Minuit. 宮林寛訳『ジル・ドゥルーズ記号と事件――1972-1990年の対話』河出書房新社，1992年。

Descombes, V., 1991, "Le moment français de Nietzsche" in A. Boyer et al., *Pourquoi nous ne sommes nietzschéens*, Paris: Éditions Grasset et Fasquelle, 1991.

Derrida, J., 1988, "Eating Well' or the Calculation of the Subject: An Interview with J. Derrida," trans. P. Connor and A. Ronell in E. Cadava, P. Connor and J-L. Nancy eds., *Who Comes After the Subject?*, New York: Routledge, 1991.

Domenach, J-M., 1984, *Le Matin*, 26 juin. 桑田禮彰訳「権力について（訳注9の部分訳）」桑田禮彰・福井憲彦・山本哲士編『ミシェル・フーコー——1926-1984　権力・知・歴史』新評論，1984年，所収。

Dreyfus, H. and Rabinow, P., 1983, *Michel Foucault : Beyond Structuralism and Hermeneutics*, Second edition, Chicago : The University of Chicago Press. 井上克人ほか訳『ミシェル・フーコー——構造主義と解釈学を超えて』 筑摩書房，1996年。

Dreyfus, H. and Rabinow, P., 1986, "What is Maturity ? : Habermas and Foucault on What is Enlightenment ?" in D.C. Hoy ed., *Foucault : A Critical Reader*, 1986. 鷲田清一・中垣晃一訳「成熟とは何か——『啓蒙とは何か』をめぐるハーバーマスとフーコー」井上克人ほか訳『ミシェル・フーコー——構造主義と解釈学を超えて』筑摩書房，1996年，所収。

Dumm, T. L., 1996, *Michel Foucault and The Politics of Freedom*, London : Sage Publications.

Eisenberg, T. and Yeazell, S. C., 1980, "The Ordinary and the Extraordinary in Institutional Litigation" in *Harvard Law Review*, vol. 93 no. 3.

Ewald, F., 1985, "Justice, Égalité, Jugement" in *CAHIERS de philosophie politique et juridique de L'Université de Caen*, no. 8.

Ferry, L. and Renaut, A., 1985, *La pensée 68 : Essai sur l'anti-humanisme contemporain*, Paris : Gallimard. 小野潮訳『68年の思想——現代の反-人間主義への批判』法政大学出版局，1998年。

Fiss, O., 1979, "The Forms of Justice" in *Harvard Law Review*, vol. 93 no. 1.

Fraser, N., 1981, "Foucault on Modern Power : Empirical Insights and Normative Confusion" in B. Smart ed., *Michel Foucault : Critical Assessment*, vol. V.

Fraser, N., 1985, "Michel Foucault : A Young Conservative ?" in M. Kelly ed., *Critique and Power : Recasting the Foucault/Habermas Debate*, Cambridge : The MIT Press, 1994.

Gros, F., 1996, *Michel Foucault*, Paris : P. U. F. 露崎俊和訳『ミシェル・フ

ーコー』白水社，1998年。

Habermas, J., 1981, "Die Moderne : ein unvollendetes Projekt" in *Kleine Politische Schriften IV*, Frankfurt am Main : Suhrkamp, 1981. 三島憲一訳「近代、未完のプロジェクト」『思想』696号，1982年。

Habermas, J., 1985a, *Der philosophische Diskurs der Moderne : Zwölf Vorlesungen*, Frankfurt am Main : Suhrkamp. 三島憲一ほか訳『近代の哲学的ディスクルス Ⅰ・Ⅱ』岩波書店，1990年。

Habermas, J., 1985b, "Mit dem Pfeil ins Herz der Gegenwart : zu Foucaults Vorlesung über Kants Was ist Aufklärung" in *Neue Unübersichtlichkeit*, Frankfurt am Main : Suhrkamp, 1985. 河上倫逸監訳『新たなる不透明性』松籟社，1995年，所収。

Habermas, J., 1990, *Strukturwandel der Öffentlichkeit*, Frankfurt am Main : Suhrkamp. （山田正行訳「公共性の構造転換――1990年新版への序文」『みすず』364・365号，1991年。）

Hart, H. L. A., 1994, *The Concept of Law*, Second edition, Oxford : Clarendon Press.

Honneth, A., 1985, *Kritik der Machat : Reflexionsstufen einer kritischen Gesellschaftstheorie*, Frankfurt am Main : Suhrkamp. 河上倫逸監訳『権力の批判――批判的社会理論の新たな地平』法政大学出版局，1992年。

Hunt, A. and Wickham, G., 1994, *Foucault and Law : Towards a Sociology of Law as Governance*, London : Pluto Press.

Hutchings, K., 1997, "Foucault and International Relations Theory" in M. Lloyd and A. Thacker eds., *The Impact of Michel Foucault on the Social Science and Humanities*, New York : St. Martin's Press, 1997.

Ivison, D., 1998, "The Disciplinary Moment : Foucault, Law and the Reinscription of Rights" in J. Moss ed., *The Later Foucault : Politics and Philosophy*, London : Sage Publications, 1998.

Kant, I., 1784, "Beantwortung der Frage : Was ist Aufklarung". 篠田英雄訳「啓蒙とは何か」『啓蒙とは何か』岩波文庫，1997年，所収。

Keenan, T., 1987, "The 'Paradox' of Knowledge and Power : Reading Foucault on a Bias" in *Political Theory*, vol. 15 no. 1.

Kolodny, N., 1996, "The Ethics of Cryptonormativism : A Defense of Foucault's Evasions" in *Philosophy and Social Criticism*, vol. 22 no. 5.

Kymlicka, W., 1989, *Liberalism, Community and Culture*, Oxford : Oxford University Press.

Litowitz, D. E., 1997, *Postmodern Philosophy and Law*, Lawrence : University Press of Kansas.

Macey, D., 1993, *The Lives of Michel Foucault : A Biography*, New York : Vintage Books.

Martin, L. H., Gutman H. and Hutton P. H. eds., 1988, *Technologies of the Self : A Seminar with Michel Foucault*, Amherst : University of Massachusetts Press. 田村俶訳『自己のテクノロジー――フーコー・セミナーの記録』岩波書店，1990年。

McCarthy, T., 1996, "Introduction" in J. Habermas, *Moral Consciousness and Communicative Action*, Cambridge : The MIT Press.

Merquior, J. G., 1985, *Foucault*, London : Fontana. 財津理訳『フーコー――全体像と批判』河出書房新社，1995年。

Milchman, A. and Rosenberg, A., 1996, "Michel Foucault, Auschwitz and Modernity" in *Philosophy and Social Criticism*, vol. 22 no. 1.

Moore, Jr. R., 1993, "Law, Normativity, and the Level Playing Field : The Production of Rights in American Labor Law" in J. Caputo and M. Yount eds., *Foucault and the Critique of Institutions*, Pennsylvania : The Pennsylvania State University Press, 1993.

Moss, J., 1998, "Foucault, Rawls and Public Reason" in J. Moss ed., *The Later Foucault : Politics and Philosophy*, London : Sage Publications, 1998.

Neocleous, M., 1996, "Perpetual War, or 'War and War again': Schmitt, Foucault, Fascism" in *Philosophy and Social Criticism*, vol. 22 no. 2.

Nietzsche, F., 1887, *Zur Genealogie der Moral*. 木場深定訳『道徳の系譜』岩波文庫，1990年。

Nietzsche, F., 1901, *Der Wille zur Macht*. 原祐訳『権力への意志　上・下』ちくま学芸文庫，1993年。

Plant, R., 1991, *Modern Political Thought*, Oxford and Cambridge :

Blackwell.

Poster, M., 1993, "Foucault and Problem of Self-Constitution" in J. Caputo and M. Yount eds., *Foucault and the Critique of Institutions*, Pennsylvania: The Pennsylvania State University Press, 1993.

Rajchman, J., 1985, *Michel Foucault : The Freedom of Philosophy*, New York : Columbia University Press. 田村俶訳『ミシェル・フーコー——権力と自由』岩波書店，1987年。

Ransom, J.S., 1997, *Foucault's Discipline : The Politics of Subjectivity*, Durham and London : Duke University Press.

Rawls, J., 1969, "The Justification of Civil Disobedience" in H. A. Bedau ed., *Civil Disobedience*, New York : Pegasus, 1969. 平野仁彦訳「市民的不服従の正当化」田中成明編訳『公正としての正義』木鐸社，1979年，所収。

Raz, J., 1980, *The Concept of A Legal System*, Second edition, Oxford : Oxford University Press. 松尾弘訳『法体系の概念——法体系論序説第二版』慶応義塾大学出版会，1998年。

Rorty, R. M., 1982, *Consequences of Pragmatism*, Brighton : The Harvester Press. 室井尚ほか訳『哲学の脱構築——プラグマティズムの帰結』御茶の水書房，1985年。

Rorty, R. M., 1983, "Postmodern Bourgeois Liberalism" in *Journal of Philosophy*, vol. 80 no. 10.

Rorty, R. M., 1991a, *Objectivity, Relativism and Truth : Philosophical Papers I*, Cambridge : Cambridge University Press.

Rorty, R. M., 1991b, *Essays on Heidegger and Others : Philosophical Papers II*, Cambridge : Cambridge University Press.

Rousseau, J. J., 1762, *Du Contrat social : ou Principes du droit politique*. 桑原武夫・前川貞次郎訳『社会契約論』岩波文庫，1969年。

Schmitt, C., 1932, *Der Begriff des Politischen*, München : Duncker und Humblot. 田中浩・原田武雄訳『政治的なものの概念』未来社，1970年。

Schrift, A. D., 1995, *Nietzsche's French Legacy : A Genealogy of Poststructuralism*, New York and London : Routledge.

Schwartz, M. D. and Friedrichs, D. O., 1994, "Postmodern Thought and

Criminological Discontent : New Metaphors for Understanding Violence" in *Criminology*, vol. 32 no. 2.

Semple, J., 1992, "Foucault and Bentham : A Defence of Panopticism" in *Utilitas* vol. 4 no. 1.

Sheridan, A., 1980, *Michel Foucault : The Will to Truth*, New York and London : Tavistock.

Simmons, J., 1995, *Foucault and the political*, New York and London : Routledge.

Smart, B. ed., 1994, *Michel Foucault : Critical Assessment*, vol. I -VII, New York and London : Routledge.

Sparks, R., 1994, "Can Prisons Be Legitimate ? : Penal Politics, Privatization, and the Timeliness of an Old Idea" in *British Journal of Criminology*, vol.34 (Special Issue).

Taylor, C., 1994, "The Politics of Recognition" in A. Gutmann ed., *Multiculturalism : Examining the Politics of Recognition*, Princeton : Princeton University Press, 1994.「承認をめぐる政治」佐々木毅・辻康夫・向山恭一訳『マルチカルチュラリズム』岩波書店，1996年，所収。

Thiele, L. P., 1990, "The Agony of Politics : The Nietzschean Roots of Foucault's Thought" in *American Political Science Review*, vol. 84 no. 3.

Thomas, K., 1992, "Beyond the Privacy Principle" in *Columbia Law Review*, vol. 92 no. 6.

Walzer, M., 1982, "The Politics of Michel Foucault" in D. C. Hoy ed., *Foucault : A Critical Reader*, Oxford and Cambridge : Blackwell, 1986.

Yount, M., 1993, "The Normalizing Powers of Affirmative Action" in J. Caputo and M. Yount eds., *Foucault and the Critique of Institutions*, Pennsylvania : The Pennsylvania State University Press, 1993.

邦語

碧海純一　1989,『新版 法哲学概論　全訂第二版』弘文堂。
石山文彦　1996,「多文化主義の規範的理論」日本法哲学会編『多文化主義と法秩序』有斐閣。
市野川容孝　1997,「安全性の装置──権力論のための一考察」『現代思想』25巻3号, 青土社。
井上達夫　1986,『共生の作法──会話としての正義』創文社。
井上達夫　1994,「合意を疑う」合意形成研究会『カオスの時代の合意学』創文社。
井上達夫編　1989,『新・哲学講義7　自由・権力・ユートピア』岩波書店。
井上達夫　1999,『他者への自由──公共性の哲学としてのリベラリズム』創文社。
井上達夫・嶋津格　1994,「民主主義にとってリベラリズムとは何か」『現代思想』22巻4号, 青土社。
海渡雄一編　1995,『監獄と人権──制度化された隔離と暴力　その改革をめざして』 明石書店。
大沢秀介　1988,『現代型訴訟の日米比較』弘文堂。
小野紀明　1996,『二十世紀の政治思想』岩波書店。
小野坂弘・藤本哲也, 1992,「ミシェル・フーコーの権力論」日本法社会学会編『法の社会理論と法社会学』有斐閣。
重田園江　1997,「《生のポリティクス》と新しい権利」日本法哲学会編『20世紀の法哲学』有斐閣。
重田（米谷）園江　1997a,「法・規律・統治性──法的思考へのフーコー効果」現代倫理学研究会での報告。
重田（米谷）園江　1997b,「十九世紀の社会統制における〈社会防衛〉と〈リスク〉」『現代思想』25巻3号, 青土社。
加藤尚武　1997,『現代倫理学入門』講談社学術文庫。
川本隆史　1991,「抵抗の倫理学へ向かって──私の『道具箱』から」『現代哲学の冒険13　制度と自由』岩波書店。
川本隆史　1995,『現代倫理学の冒険──社会理論のネットワーキングへ』創文社。

川本隆史　1997,「まえがき――法的思考への《フーコー効果》?」日本法哲学会編『20世紀の法哲学』有斐閣。
川本隆史編　1998,『新・哲学講義6　共に生きる』岩波書店。
桑田禮彰・福井憲彦・山本哲士編　1984,『ミシェル・フーコー――1926-1984 権力・知・歴史』新評論。
合田正人　1996,「書評『反ニーチェ』」『思想』864号，岩波書店。
小林秀之　1983,「アメリカの現代型訴訟とその意義」『判例タイムズ』503号。
酒井隆史　1998,「生に折り畳まれる死――フーコーの権力論を再考する」『現代思想』26巻12号，青土社。
桜井哲夫　1996,『フーコー――知と権力』講談社。
杉田敦　1986,「フーコー権力論の一断面――テイラー・コノリー論争をめぐって」『創文』269号，創文社。
杉田敦　1987,「権力分析の『視点』について」『創文』279号，創文社。
杉田敦　1989,「ミシェル・フーコーと政治理論」『思想』782号，岩波書店。
杉田敦　1995,「アイデンティティーと政治」佐々木毅編『自由と自由主義――その政治思想的諸相』東京大学出版会，1995年，所収。
杉田敦　1996,「啓蒙と批判――カント・フーコー・ハーバーマスについての断章」『法学志林』93巻3号。
杉田敦　1998a,『権力の系譜学――フーコー以後の政治理論に向けて』岩波書店。
杉田敦　1998b,「寛容と差異――政治的アイデンティティーをめぐって」井上達夫編『新・哲学講義7　自由・権力・ユートピア』岩波書店，1998年，所収。
杉田敦　2000,『思考のフロンティア　権力』岩波書店。
関良徳　1996,「書評　フーコーと法――統治としての法の社会学に向けて」『一橋研究』20巻4号。
関良徳　1997,「ミシェル・フーコーの倫理学――自己構成的主体の概念についての試論」『一橋研究』21巻4号・22巻3号。
関良徳　2000,「法・ノルム・合理性」『一橋論叢』124巻1号。
田村俶　1978,「フーコー論序説――暗部におけるマイノリティーへの光」『現代思想』6巻6号，青土社。

千葉真　1996,『アーレントと現代――自由の政治とその展望』岩波書店。
土屋恵一郎　1996,『正義論／自由論――無縁社会日本の正義』岩波書店。
中山元　1996,『フーコー入門』ちくま新書。
中山竜一　1994,「『保険社会』の誕生――フーコー的視座から見た福祉国家と社会的正義」日本法哲学会編『市場の法哲学』有斐閣。
中山竜一　1995,「標準と正義」『人文学報』76号。
中山竜一　2000,『二十世紀の法思想』岩波書店。
蓮實重彦・渡辺守章編　1993,『ミシェル・フーコーの世紀』筑摩書房。
松葉祥一　1997,「沈黙から言表への『中継器』として――〈監獄情報グループ〉とフーコー」『現代思想』25巻 3 号，青土社。
ミラー, J.　1993,「フーコーの政治学――伝記的パースペクティヴ」蓮實重彦・渡辺守章編『ミシェル・フーコーの世紀』筑摩書房，1993年，所収。
森村進　1998,「アナルコ・キャピタリズムの挑戦――ある鼎談」井上達夫編『新・哲学講義 7　自由・権力・ユートピア』岩波書店，1998年，所収。
山口いつ子　1994,「ポストモダニズムと表現の自由論」『東京大学社会科学研究所紀要』47号。
山脇直司　1995,「啓蒙理解のゆくえ――フーコーとハーバーマス，社会哲学の変容」『思想』855号，岩波書店。
米谷園江　1996a,「ミシェル・フーコーの統治性研究」『思想』870号，岩波書店。
米谷園江　1996b,「自由主義の統治能力――ミシェル・フーコーのオルド自由主義論」鬼塚雄丞・丸山真人・森政稔編『自由な社会の条件』新世社，1996年，所収。
和田仁孝　1996,『法社会学の解体と再生――ポストモダンを超えて』弘文堂。

著者略歴

1971年　群馬県に生まれる
1999年　一橋大学大学院法学研究科博士課程修了
　一橋大学大学院法学研究科助手を経て
現　在　信州大学教育学部助教授，博士（法学）
著　書　『法の他者』（共著，御茶の水書房，2004年）
論　文　「フェミニズムとフーコーの政治」『信州大学教育学部紀要』112号（2004年），「恐れずに話すために」『情況』3巻8号（2002年）ほか
訳　書　D. フリードマン『自由のためのメカニズム』（共訳，勁草書房，2003年），P. スタイン『ローマ法とヨーロッパ』（共訳，ミネルヴァ書房，2003年）ほか

フーコーの権力論と自由論　その政治哲学的構成

2001年4月5日　第1版第1刷発行
2006年5月20日　第1版第3刷発行

著　者　関《せき》　良《よし》徳《のり》
発行者　井　村　寿　人

発 行 所　株式会社　勁《けい》草《そう》書　房

112-0005 東京都文京区水道2-1-1　振替 00150-2-175253
（編集）電話 03-3815-5277／FAX 03-3814-6968
（営業）電話 03-3814-6861／FAX 03-3814-6854
平文社・青木製本

ISBN 4-326-35123-3　　Printed in Japan